MANIFESTE
DU
PARTI COMMUNISTE

Karl MARX
Friedrich ENGELS

MANIFESTE DU PARTI COMMUNISTE

suivi des préfaces
de Marx et d'Engels

Présentation et traduction
par
Émile Bottigelli
Édition revue, augmentée et annotée
par
Gérard Raulet

GF Flammarion

ISBN : 2-08-071002-8

INTRODUCTION

Œuvre immortelle, œuvre la plus largement diffusée de toute la littérature mondiale, œuvre qui marque un tournant dans l'histoire du mouvement ouvrier, chef-d'œuvre précoce de Marx et d'Engels : toutes ces propositions au sujet du *Manifeste communiste* sont aujourd'hui autant de lieux communs généralement acceptés sans autre examen. On se préoccupe moins du problème des origines, des conditions dans lesquelles en 1848 cette brochure de vingt-trois pages sortie des presses de l'imprimerie Burghard à Londres a vu le jour. Il est généralement admis qu'elle est l'œuvre géniale de Marx et d'Engels, plus d'ailleurs de Marx que d'Engels, et l'on se demande assez peu au terme de quels processus les deux auteurs ont été amenés à rédiger ce texte décisif.

Il faut dire que, jusqu'à ces derniers temps, l'on manquait de documents pour en étayer la genèse. On s'appuyait surtout sur ce que Marx et Engels en avaient dit et l'on mettait l'accent sur le rôle qu'ils avaient joué en dotant la classe ouvrière d'un programme qui donnait des fondements scientifiques et durables à toute action révolutionnaire. Comment en étaient-ils arrivés à ces conceptions, on s'efforçait certes de l'établir, mais le *Manifeste* apparaissait plus comme le résultat de leur évolution personnelle et de leur faculté d'invention, que comme la conjonction

de découvertes fondamentales faites par deux intellectuels et d'un mouvement ouvrier organisé, ayant
lui aussi ses origines et son développement propres,
et qui avait à vrai dire créé les bases et préparé le terrain que les conceptions exprimées dans la brochure
allaient ensemencer. Il n'est plus possible, à notre
sens, d'étudier les origines du *Manifeste* sans se placer
dans cette perspective et sans faire sa place à ce qu'a
apporté aux auteurs la lutte du prolétariat dans les
années qui ont précédé 1848.

Il convient donc d'essayer de dégager la part de
chacun de ces éléments formateurs. La genèse du
Manifeste est un processus complexe dans lequel le
rôle de chacun des facteurs est sans doute inégal,
mais où il n'est pas permis d'ignorer l'un au détri-
ment de l'autre. Disons tout de suite que le triomphe
des conceptions de Marx et d'Engels est le résultat
d'une lutte qui n'amoindrit nullement leur mérite et
la qualité novatrice de leurs efforts, mais met peut-
être mieux en relief l'originalité et la portée du pas
qu'ils allaient faire franchir à la classe ouvrière dans
sa lutte pour son émancipation. Pour bien saisir les
mérites de cette œuvre il faut donc suivre, d'une part
l'évolution des auteurs eux-mêmes et la formation de
leur conception de la marche de l'histoire, et retracer
d'autre part les diverses phases du développement du
mouvement ouvrier qui ont conduit à la création de
la Ligue des communistes, dont le *Manifeste* est au
premier chef le programme théorique.

KARL MARX JUSQU'À LA CONVERSION
AU COMMUNISME

Fils d'un avocat libéral de Trèves, élevé dans une
ambiance rationaliste et cultivée, Karl Marx se desti-
nait aux études juridiques. Mais tant à Bonn qu'à
Berlin où il arrive en 1836, il s'intéresse très vite à la
philosophie et se rallie, un peu à son corps défendant,
à l'hégélianisme. Son goût de la rigueur intellectuelle
est très vif et il est rapidement amené par ses

recherches personnelles à reconnaître en Hegel le créateur d'une méthode de pensée parfaitement cohérente. Il se lie avec un groupe de disciples du maître, le Club des Docteurs, qui va devenir le foyer berlinois de l'hégélianisme de gauche. Son ralliement à Hegel n'est toutefois pas sans réserve, et, dans un certain sens, on peut dire qu'il n'a pas été hégélien si l'on entend par là une adhésion totale à la doctrine. S'il fait sienne la dialectique, il aura dès l'abord une attitude critique à l'égard de la pensée de Hegel. Il y voit certes un accomplissement de la philosophie, mais il y décèle immédiatement des insuffisances qui le porteront à s'associer au mouvement jeune hégélien et à influer sans doute sur son orientation. Cependant il critiquera aussi dès le départ la gauche hégélienne qui distinguait une pensée ésotérique et une pensée exotérique du maître et introduisait, pour expliquer la contradiction entre l'apologie du régime absolu de la Prusse et la dialectique de sa démarche, la notion de compromis, d'« accommodation ». Marx est un esprit trop rigoureux pour accepter de la part de Hegel une telle inconséquence et le défaut lui paraît bien plus résider dans l'insuffisance de cet idéalisme que dans telle ou telle concession faite par le philosophe au régime existant. Il se démarque de ses amis dès sa dissertation de 1841 et entame une démarche qui va l'amener à critiquer et à dépasser aussi bien Hegel que la gauche hégélienne elle-même. C'est le début d'un processus au cours duquel sa pensée va se radicaliser et qui le conduira en 1844 au dépassement définitif des influences qui ont marqué cette période de formation.

En 1842-1843, Marx est rédacteur à la *Rheinische Zeitung*, organe de la bourgeoisie libérale la plus avancée. Il avait caressé un temps l'espoir de faire une carrière universitaire, mais la politique du gouvernement prussien tendait à éliminer de l'enseignement supérieur toute influence de Hegel et Marx renonça à cette perspective. Son activité de journaliste allait le mettre en contact avec les réalités politiques et, comme il le dira lui-même, le mettre « dans l'obligation embarrassante de dire son mot sur ce qu'on appelle des intérêts matériels ». Il devint rapidement l'animateur du journal et lutta, avec les moyens qui étaient les siens et qui se déduisaient de sa formation philosophique, contre l'absolutisme prussien. Il fit aussi l'expérience de l'esprit de chicane de la bureaucratie et apprit à l'école des faits que la lutte des libéraux rhénans était vouée à l'échec. Ceux qui, dans les circonstances de l'époque, représentaient le mouvement le plus avancé, menaient un combat sans espoir, faute d'adopter des positions assez radicales.

De ce passage par le journalisme, Marx va tirer la leçon que les intérêts matériels jouent un rôle beaucoup plus grand que celui que leur attribuait par exemple la philosophie hégélienne. La conception un peu abstraite d'un État conforme à la raison qu'il en avait tirée, et au nom de laquelle il avait dans ses articles attaqué l'absolutisme prussien, n'était plus une arme suffisante dans cette lutte où il se heurtait en la personne du censeur à la réalité du pouvoir. Il avait été amené à prendre parti sur des questions où étaient en jeu les conditions de vie des petites gens et il était devenu non seulement un radical, mais un démocrate. Il avait fait l'expérience des antagonismes de la société et s'était placé chaque fois du côté des opprimés. La lutte avait passé pour lui du terrain de la philosophie, où se plaisaient à la mener ses amis de la gauche hégélienne, au terrain de la pratique sociale. En réalité, il est en pleine période de transition. Il est devenu sensible aux contradictions de la société, mais il croit encore à la toute-puissance des idées. Au mois d'octobre 1842 il est amené à répondre à la *Gazette générale d'Augsbourg* qui avait accusé son journal de communisme. Il se place là encore sur le terrain des faits en remarquant que le communisme est devenu une question à l'ordre du jour, car il y a partout dans le monde, et de façon visible, une classe qui ne possède rien et qui aspire à partager la richesse de la bourgeoisie. Cependant il réserve son jugement : « *La Gazette rhénane*, qui ne peut reconnaître une *réalité théorique* aux idées communistes sous leur forme actuelle et donc peut encore moins souhaiter ou seulement tenir pour possible leur *réalisation pratique*, soumettra ces idées à une critique fondamentale. » Et il poursuit : « Nous avons la ferme conviction que ce n'est pas la *tentative de mise en pratique*, mais l'*exposé théorique* des idées communistes qui constitue le véritable *danger*, car à des tentatives pratiques, fussent-elles *soutenues par la masse*, on peut répondre à *coups de canon* dès qu'elles deviennent dangereuses ; mais des *idées* dont notre intelligence devient maîtresse, dont notre opinion s'empare, auxquelles notre raison a rivé notre conscience, ce sont des chaînes auxquelles on ne s'arrache pas sans se déchirer le cœur, ce sont des démons dont l'homme ne peut se rendre maître qu'en s'y soumettant. » La victoire d'une théorie politique ne dépend pas encore pour lui d'un rapport de forces concret, mais de sa puissance à convaincre sur le plan théorique. Ne trace-t-il pas lui-même l'itinéraire qui le conduira au communisme ?

En quittant son poste de rédacteur au journal, le 17 mars 1843, Marx n'envisage pas d'entrer dans la vie publique. Sans doute est-il déjà en correspondance avec Ruge pour mettre sur pied une autre publication, mais il se retire d'abord dans son cabinet d'études. Il se propose de procéder à une critique de la *Philosophie du droit* de Hegel, c'est-à-dire de tirer au clair ses propres conceptions dans ce domaine. Il ne veut pas se consacrer à un exercice purement philosophique, mais essayer en partant des expériences nouvelles que lui a fournies son activité de journaliste et de la vue qu'il a maintenant du monde d'y voir clair en lui-même. En 1841, Feuerbach avait publié son *Essence du christianisme*, qui constituait le premier essai pour dépasser vraiment l'idéalisme hégélien. Marx avait suivi attentivement cette tentative de « remise sur ses pieds » de la philosophie et même s'il trouvait que Feuerbach s'occupait trop exclusivement de la religion et pas assez de la réalité politique, il n'en est pas moins profondément influencé par les réflexions sur l'essence de l'homme qui constituent le fond de cette œuvre.

La conclusion de cette « retraite » philosophique est double. Marx, reprenant la philosophie hégélienne de l'État et les rapports de celui-ci avec la société civile, voit maintenant dans le réel non plus l'illustration de l'Idée, mais sa raison d'être. La société civile n'est pas la traduction dans la réalité du moment de l'Idée absolue que représente l'État. C'est au contraire lui qui reflète très exactement les rapports économiques, juridiques et sociaux dont la totalité est cette société. L'État n'est plus désormais pour Marx au-dessus des classes, l'incarnation d'un absolu. Même si son analyse ne va pas encore jusqu'à la notion de l'État de classe, même si les antagonismes sociaux ne lui apparaissent pas encore nettement sur le plan de la théorie, il en a fini avec la conception de Hegel, et, dans une certaine mesure, avec son idéalisme. Mais la philosophie elle-même a changé de nature : elle n'est plus la « vérité » du réel, encore que Marx continuera à raisonner un certain temps en utilisant cette notion. Elle doit permettre la réalisation de la société vraiment humaine, celle où l'essence de l'homme trouve son plein épanouissement. Il n'est pas douteux qu'on trouve ici l'influence de Feuerbach et de son humanisme. La philosophie rationnelle n'a pas d'autre base que le réel, c'est de lui qu'elle doit partir, et sa fonction devient une fonction critique. Elle doit devenir monde et le monde doit devenir humain. Son rôle est alors de dénoncer les aspects du réel qui s'opposent à la réalisation de cette vérité qu'elle détient encore, qui cependant ne s'appuie plus sur l'Idée, mais sur une conception de l'homme. L'action politique, critique du réel, est le prolongement de la philosophie. La mission de celle-ci n'est plus de définir une vérité intemporelle, mais de permettre à l'homme de se libérer de ses aliénations.

Telles étaient, très rapidement résumées, les conceptions auxquelles Marx est parvenu au terme de cette « retraite ». Mais il n'en continue pas moins à préparer la future revue qui doit devenir une arme de combat contre l'absolutisme et la réalité navrante de l'Allemagne. Déjà, les lettres qu'il échange avec Ruge au cours de l'été 1843 font apparaître nettement ce qui le différencie de son associé. Alors que le ton de Ruge est élégiaque, qu'il déplore la médiocrité de la réalité allemande, celui de Marx est combatif. Certes les Allemands sont des philistins, mais il existe un espoir : l'alliance de l'humanité souffrante qui pense et de l'humanité pensante qui est opprimée. La critique de ce présent doit se rattacher à des luttes réelles, c'est-à-dire à des luttes politiques et s'identifier avec elles. Et il ajoute : « Nous ne nous présentons pas au monde en doctrinaires avec un nouveau principe en lui disant : voici la vérité, c'est ici qu'il faut tomber à genoux. Des principes du monde nous tirons pour le monde des principes nouveaux. »

Attitude caractéristique : il n'y a pas un système au nom duquel il s'agit de critiquer le réel, ce qui signifierait un dogmatisme. C'est le monde lui-même tel qu'il est qui doit fournir les éléments de la critique, et celle-ci doit suivre le mouvement du réel, affûter ses arguments en fonction de l'analyse de la réalité politique et sociale. On ne peut manquer de remarquer ici l'absence de fondement économique. Marx, s'il est débarrassé des conceptions figées, s'il veut remettre la critique sur de nouvelles bases, est encore prisonnier d'une certaine vision philosophique du monde où subsistent des éléments idéalistes. Mais sa démarche est déjà nouvelle. La vérité n'est plus donnée a priori, il s'agit de la rechercher non plus en partant de systèmes, mais de la critique du réel, du monde tel que les hommes l'ont fait. Il écrit par exemple : « Le communisme, en particulier, tel qu'il existe, est une abstraction dogmatique. » Il n'est qu'une réalisation particulière du principe socialiste, c'est-à-dire humaniste, mais entaché de son contraire, la propriété privée. Et Marx ajoute : « La suppression de la propriété privée et le communisme ne sont en aucune manière identiques. »

Cette fois, un pas décisif a été accompli : la réalisation du monde humain, la vérité humaine faite monde est maintenant inséparable de la suppression de la propriété privée qui est une des causes premières de l'aliénation. Le point de vue de Marx est désormais nettement révolutionnaire. La logique de sa pensée l'a amené à intégrer comme une nécessité la suppression de la propriété privée. Nous voilà bien loin des déclarations embarrassées de la *Gazette rhénane* sur le communisme. Ces lettres servaient d'introduction aux *Annales franco-allemandes*. Marx vient s'installer à Paris, lieu de parution de la future revue, en novembre 1843. Lorsqu'elle paraît, en février 1844, elle contient deux articles de lui dont le dernier, *Contribution à la critique de la philosophie du droit de Hegel. Introduction,* écrit probablement pendant le séjour parisien, marque sa conversion au communisme. Il convient de s'y arrêter un instant.

Marx commence par des affirmations de style nettement feuerbachien : « L'homme, c'est le *monde de l'homme*, l'État, la société. Cet État, cette société, produisent la religion, *conscience inversée du monde,* parce qu'ils sont eux-mêmes un monde à l'envers. » Elle est donc un produit de la vie de l'homme en société, et sa critique, c'est celle des conditions de vie de l'homme. La critique du ciel se change en critique de la terre. Ici Marx tire les conséquences de la pensée encore trop étroitement religieuse de Feuerbach. L'aliénation que celui-ci dénonçait a ses racines dans le monde réel; supprimer cette aliénation, c'est supprimer ses causes, c'est transformer le monde réel. Le tournant révolutionnaire est pris.

Mais la critique de la réalité allemande contemporaine est stérile, car le présent allemand, c'est le passé des autres peuples. C'est seulement sur le plan théorique, dans la mesure où ils ont pensé l'histoire qu'ils n'ont pas faite, que l'on peut critiquer utilement les

Allemands. La philosophie du droit est la pensée scientifique de l'État moderne. Mais comme elle est incapable de penser l'homme réel et que l'État l'ignore aussi, ses insuffisances sont la critique même de cet État qui doit devenir l'État de l'homme. Si l'Allemagne peut parvenir à une critique à la hauteur des principes, elle parviendra à une révolution qui la mettra à la hauteur humaine, qui sera l'avenir immédiat des peuples. On voit combien, à cette époque, Marx est imprégné des idées de l'humanisme de Feuerbach. Le progrès que l'Allemagne peut accomplir la mettra d'emblée à l'avant-garde de l'humanité, car si son histoire est en retard sur le reste des nations civilisées, sa théorie est en avance sur elles. Il n'est pas douteux que c'est en philosophe, et non en militant, que Marx s'est converti à l'idée de la révolution nécessaire.

Or la révolution est le fait de classes sociales. Jusqu'ici c'est toujours une classe incarnant la protestation d'une nation contre l'infamie de l'ordre existant qui a renversé cet ordre. Mais en Allemagne la bourgeoisie est elle-même trop médiocre pour incarner autre chose que la médiocrité générale. Ce n'est donc ni la conscience du bien général, ni la volonté de son propre affranchissement qui pousseront une classe particulière à promouvoir l'émancipation générale. Ce sera uniquement la nécessité, le poids des chaînes. Or il existe une classe qui par sa simple existence exprime toute la déchéance de l'homme. En elle l'humain est totalement nié, elle ne représente pas une injustice particulière, mais l'injustice en soi. Elle ne peut se reconquérir que par une reconquête totale de l'homme : cette classe, c'est le prolétariat.

Le plan même sur lequel Marx a situé sa réflexion l'amène donc à faire du prolétariat le porteur de la révolution dont dépend la société vraiment humaine. Cette classe représente le point où peut aboutir l'humanité dans une société qui l'asservit et l'aliène. C'est une fois arrivé à sa propre négation que l'homme peut se reconquérir lui-même, et le proléta-

riat ne peut faire la révolution qu'en libérant l'humanité entière de ses entraves.

On peut estimer qu'au début de 1844 Marx est ral-
lié au communisme. La nécessité de l'émancipation
de l'humanité s'est imposée à lui et maintenant il voit
dans la classe ouvrière l'agent de cette libération. Sa
démarche a été jusqu'ici purement philosophique : ce
n'est qu'au milieu de 1844 qu'il va entrer à Paris en
contact avec les milieux ouvriers. Mais elle l'a
conduit, en partant de l'humanisme de Feuerbach, à
des positions toutes proches de celles des théoriciens
qui voyaient dans l'action du prolétariat la promesse
d'une société où l'égalité et la justice régneraient
pour tous. Le communisme encore très abstrait
auquel il a abouti s'identifie pour lui avec la réalisation pratique de l'humanisme.

Les *Manuscrits de 1844* nous révèlent aujourd'hui
les progrès décisifs que Marx accomplit au cours de
cette année. Il s'est intéressé à l'économie politique,
et ses carnets de notes montrent qu'il a commencé à
en dépouiller les ouvrages classiques. Il trouve dans
la science de la production, activité humaine par
excellence, les justifications concrètes du nouveau
cours de sa pensée. Il en tire le concept de travail
aliéné, qui constituera un pivot de sa réflexion et
l'amènera à substituer à la notion encore très idéaliste
de l'homme qu'il a puisée chez Feuerbach celle de
société. Il aborde la critique de l'économie politique
d'un point de vue qui est celui de la classe ouvrière,
du travailleur exploité, et non plus celui de la bourgeoisie cherchant à expliquer par la théorie sa propre
activité. La propriété privée, résultat nécessaire du
travail aliéné, lui apparaît comme l'obstacle qui
entrave le développement de l'humanité et il en préconise l'abolition positive.

Cela l'a amené à étudier de plus près les systèmes
communistes existants. Il critique la pensée de
Dezamy, de Cabet, de Villegardelle, qui se situe pour
lui au niveau d'un égalitarisme encore grossier qui
veut étendre à tous les hommes la catégorie

d'ouvrier, alors qu'il s'agit précisément de supprimer la condition ouvrière. Sa propre conception est encore très abstraite. Il va devoir encore, avant d'écrire le *Manifeste*, élaborer les principes du matérialisme historique. Mais on voit déjà s'esquisser l'idée que le communisme est une étape nécessaire de l'histoire de l'humanité, s'il n'en est pas la fin.

Il s'agit donc d'une conception encore très philosophique, mais où l'on trouve les éléments qui vont commander le développement futur. Marx est arrivé à ce stade au terme d'une évolution qu'on peut qualifier de purement personnelle. Désormais il va continuer sa route en compagnie de Friedrich Engels, dont il s'agit maintenant de retracer brièvement l'évolution antérieure, et au contact des ouvriers révolutionnaires eux-mêmes.

Le jeune Engels

De deux ans plus jeune que Marx, Friedrich Engels était originaire de Barmen et fils d'un industriel du textile. On appelait dès cette époque la vallée de la Wupper le Manchester allemand et Engels était issu d'une famille qui était déjà expressément capitaliste. Encore enfant il a le spectacle de la misère des prolétaires et se sent tout de suite révolté par les conditions de vie des tisserands. Il n'ira pas comme Marx à l'université, mais entrera à la sortie de la seconde en apprentissage, d'abord dans la firme de son père, puis à Brême où il s'initie au commerce. Lecteur passionné, d'une curiosité inlassable, il utilise les loisirs de sa profession pour écrire des articles littéraires où percent dès le début son opposition à la Prusse et ses préférences politiques. Ses couleurs favorites sont celles de la *Burschenschaft* et il profite de son séjour dans une ville hanséatique pour lire toute la littérature prohibée par le *Bundestag*. Il est foncièrement rationaliste et la crise religieuse qu'il traverse l'amène par l'intermédiaire de D.F. Strauss à la lecture de Hegel. Ce sera pour lui la conversion à l'athéisme, et les œuvres de Börne le conduiront au républicanisme.

Engels arrive à la fin de 1841 à Berlin pour y accomplir son service militaire. Malgré son activité littéraire, il avait été jusque-là plutôt confiné dans sa solitude. La capitale de la Prusse va signifier pour lui la fréquentation de milieux intellectuels qui se trouvent à la pointe de la lutte contre le piétisme et l'orthodoxie. Il trouve immédiatement le contact avec le cercle des jeunes hégéliens que Marx a abandonné depuis quelques mois et dont l'attitude va devenir de plus en plus radicale dans tous les domaines. Ce groupe a pris maintenant le titre « les Affranchis », on y trouve des hommes comme Stirner — qui est pratiquement à la veille de publier son ouvrage *L'unique et sa propriété* — et tout ce groupe a un goût marqué pour le scandale et le chahut. Il affiche sa liberté d'esprit en se ralliant de façon ostentatoire à l'athéisme et en professant des opinions communistes souvent déplacées. Marx se brouillera avec ses anciens amis en mettant fin à leur collaboration à la *Gazette rhénane*, estimant que le communisme est une chose trop sérieuse pour qu'on puisse en faire parade à propos de tout et de n'importe quoi.

A la fin de son année berlinoise, au cours de laquelle il a pris une part active à la lutte contre Schelling et renoncé à ses ambitions littéraires, Engels va partir pour l'Angleterre, comme employé de la firme Ermen et Engels. Il passe par Cologne, et son entrevue avec Marx, aux yeux duquel il est un représentant des « Affranchis », se déroule dans une atmosphère très froide. Par contre il rencontre Moses Hess qui se vantera de l'avoir à cette occasion converti au communisme.

L'Angleterre va apporter au jeune homme une magnifique leçon de choses. Elle est à cette époque le pays où le capitalisme est le plus développé et la réalité économique, son rôle dans l'histoire du monde moderne vont brusquement lui révéler un état de fait que Marx ne découvrira qu'après lui. Il retrouve le spectacle de la misère ouvrière, mais sous une forme encore plus crasse qu'à Barmen. L'antagonisme des classes devient tout de suite pour lui l'essentiel, et ceci d'autant plus qu'il trouve un prolétariat organisé dans le mouvement chartiste et jouant un rôle politique réel. Il prend contact avec des disciples d'Owen dont les théories sont alors une sorte de programme du mouvement ouvrier.

Sa curiosité intellectuelle naturelle va l'amener à chercher le pourquoi de cette situation et il se lance dans la lecture des économistes anglais et français qui ont fait la théorie de l'acquisition des richesses. Mais celle-ci est pour lui la création de misère à l'autre pôle de la société et c'est en se plaçant du point de vue de la classe ouvrière qu'il va procéder à la critique de l'économie politique. Il écrira une *Esquisse d'une critique de l'économie politique* qui paraîtra dans l'unique numéro des *Annales franco-allemandes* et qui aura sur Marx une influence décisive. Celui-ci qualifiera cet article de génial et il semble bien que ce soit à la suite de cette lecture qu'il ait lui-même commencé à étudier les économistes. Cet article marque en tout cas que, par des voies différentes, Engels était arrivé à des conclusions politiques très proches de celles de Marx.

Engels s'en prend au commerce, qui se veut l'ami des hommes et qui a en fait pour résultat de déclencher la guerre de tous contre tous. L'économie, écrit-il, est « un système élaboré de tromperie autorisée ». Le capitalisme a soumis tous les hommes au règne de l'argent et a dissous tous les liens qui les unissaient. La famille elle-même n'y a pas résisté. L'homme est devenu une marchandise comme toutes les autres dont le prix est réglé par la loi de l'offre et de la demande, par la concurrence. Nous retrouvons ici une conception qui nous est familière : c'est au nom de l'humanisme qu'Engels proteste contre les pratiques du capitalisme, et d'un humanisme qui n'est plus celui du XVIIIe siècle, mais celui de Feuerbach. L'homme est avili par le développement du capitalisme qui le considère comme un moyen et nie ainsi son essence. C'est donc en dernière analyse la propriété privée qui aboutit à cet état d'aliénation. Son abolition, le communisme, sera la seule possibilité d'y mettre fin et de rendre l'homme à lui-même. Ne retrouvons-nous pas ici les conclusions philosophiques auxquelles Marx avait lui-même abouti ?

Dans la conception de l'histoire qui s'exprime à travers cette étude, nous retrouvons aussi des idées déjà rencontrées. Le développement de l'économie n'est pas fortuit ; chacune de ses étapes est une étape nécessaire qui fait avancer l'humanité sur le chemin de sa libération ; il n'est qu'apparemment le produit de la volonté des hommes. En fait il ne conduit pas toujours aux résultats qu'ils ont consciemment voulus ; mais objectivement il est le moteur de la marche de l'humanité dans la voie du progrès et de la liberté. Nous retrouvons ici le grand schéma hégélien de la philosophie de l'histoire. Mais Engels met l'accent sur le rôle de l'activité pratique des hommes en soulignant la place tenue par l'économie dans ce développement. Il saisit d'ailleurs cette marche en avant sous son aspect dialectique. Les économistes classiques n'ont pas su appréhender le développement des contradictions dans leur interaction. Les catégories qu'ils ont isolées vivent pour eux une vie indépendante, alors qu'on ne peut les comprendre que dans leur mouvement. Ils sont incapables d'expliquer les contradictions qui font de l'Angleterre à la fois le pays le plus riche, celui où les moyens de production sont le plus développés, et celui où règne la plus grande misère.

C'est l'existence de la propriété privée, stade nécessaire du développement, qui entraîne ces conséquences. Elle conduit obligatoirement à la concurrence et seule son abolition peut permettre de surmonter les contradictions. Mais cette abolition ne signifie pas le retour à la communauté des biens de la société primitive. Elle est la condition de la libération de l'homme, mais d'un homme qui a créé par son activité productrice les richesses qui permettent son plein épanouissement. Elle n'est pas le simple retour à l'absence originelle de propriété, mais la fin des contradictions qui empêchent l'humanité de profiter des biens qu'elle a créés. Engels voit très bien que le résultat de l'histoire a été de scinder les hommes en deux classes antagonistes, celle des possédants et celle des non-possédants, mais il n'exprime pas l'idée que la lutte de classes en est le moteur. De même il ne fait pas encore, comme Marx, du prolétariat le porteur de la révolution.

Partant de préoccupations assez différentes de celles de Marx, ayant une expérience pratique tout autre, il parvient à des conclusions qui sont toutes proches de celles de Marx. Les deux hommes sont engagés dans un processus qui les a conduits, par des voies différentes, à des résultats analogues. Leur rencontre et leur collaboration va marquer un progrès décisif de la théorie révolutionnaire.

L'ÉLABORATION DU MATÉRIALISME HISTORIQUE

Revenant de Manchester, Engels passe par Paris et rencontre Marx le 25 août 1844. Il va passer avec lui une dizaine de jours qui vont marquer le début de leur collaboration et ce séjour peut bien être considéré comme historique dans le développement du mouvement ouvrier.

Les débuts de cette collaboration sont encore caractéristiques du point où Marx et Engels en étaient arrivés, de ce qui était pour eux l'essentiel. Ils sont communistes tous les deux, mais leur conception est encore très abstraite. Des contacts qu'ils ont pu avoir avec les prolétaires, l'un à Paris, l'autre en Angleterre, ils n'ont pas encore tiré toutes les leçons, et il leur semble encore plus important d'œuvrer en direction des intellectuels qu'en direction de la classe ouvrière elle-même. Leur formation philosophique leur fait mettre l'accent sur la bataille des idées. Leur première œuvre commune sera *La Sainte Famille*, dans laquelle ils règlent leurs comptes avec la « critique », c'est-à-dire les jeunes hégéliens ralliés maintenant à la philosophie de la conscience de soi de Bruno Bauer. Même lorsque l'année suivante ils chercheront à voir clair en eux-mêmes en rédigeant *L'Idéologie allemande*, qui constituera le premier exposé des principes du matérialisme historique, leur polémique se situera encore sur le plan de la critique philosophique. Leur démarche se ressent de leur formation à l'école de l'hégélianisme.

Cette première œuvre commune marque cependant un progrès dans leur pensée. Elle marque le passage ouvert au matérialisme et l'ébauche d'une théorie des rapports entre les infrastructures économiques et sociales et les superstructures idéologiques. Mais elle est encore très influencée par les idées de Feuerbach et l'on y sent toujours présente une certaine conception de l'homme. Cependant, on voit aussi Marx souligner l'importance de l'interdépendance des classes sociales et de leur antagonisme. Bourgeoisie et prolétariat sont entre eux dans un rapport de nécessité : l'une produit l'autre et ils constituent une unité dialectique. La condition même de la survie de la bourgeoisie est en même temps la promesse de sa destruction.

Après son passage à Paris, Engels rentre à Barmen et il va mettre au point l'ouvrage dont il rapporte les notes, et qui sera *La Situation de la classe laborieuse en Angleterre*, parue au printemps de 1845. S'il donne là la première étude sociologique inspirée par la méthode marxiste, en somme une première illustration de cette nouvelle conception du monde avant qu'elle soit définitivement élaborée, son livre est encore tout inspiré des idées de Feuerbach et fait référence à une certaine notion de l'essence de l'homme qui reste très idéaliste. Dans ses *Thèses sur Feuerbach*, qu'il jette sur le papier à la même époque, Marx va vraiment procéder à la critique de Feuerbach et montrer tout le caractère abstrait de cette conception. L'homme ne se définit plus pour lui par un certain nombre de forces essentielles spécifiques, « comme une universalité interne, muette, liant de façon purement naturelle les nombreux individus ». Dans sa réalité, l'essence humaine est l'ensemble des rapports sociaux. On sait qu'il aboutira à la conclusion qu'énonce la fameuse thèse XI : « Les philosophes n'ont fait qu'interpréter le monde de différentes manières, il s'agit de le transformer. »

Engels retrouva Marx à Bruxelles en 1845 et il écrit dans différentes préfaces du *Manifeste* que Marx avait à ce moment-là déjà élaboré sa conception de l'histoire et qu'il était en mesure de l'exposer clairement. La première partie de *L'Idéologie allemande*, que l'on peut considérer comme exprimant pour la première fois les grandes idées directrices du matérialisme historique, ne fut cependant rédigée qu'en 1846. On peut peut-être considérer que Marx et Engels ressentirent la nécessité d'exposer de façon positive leurs principes à un moment où la critique de Bruno Bauer, Stirner et consorts avait suffisamment éclairci leurs idées, où ils voyaient clair en eux-mêmes. Malgré toute l'insistance qu'Engels a mise à affirmer que Marx était seul l'inventeur de la conception matérialiste de l'histoire, il est permis de penser qu'elle est tout de même le résultat de leur travail et de leurs discussions communes.

Le matérialisme historique a trouvé une expression éclatante dans le *Manifeste* et il s'en laisse facilement déduire. Mais il n'est peut-être pas inutile d'en rappeler ici les principes essentiels, de remonter un peu à sa base philosophique. Ce qui distingue les hommes des animaux, c'est qu'ils produisent leurs moyens de subsistance. Le point de départ de toute l'histoire, ce sont donc les conditions matérielles dans lesquelles les hommes produisent. Mais ils produisent aussi en société, c'est-à-dire au sein de rapports qui se sont établis entre eux du fait de leur activité productive. Tout progrès dans les moyens de production entraîne donc une modification dans les conditions mêmes de la production et par suite dans les rapports que les hommes entretiennent entre eux. L'accroissement de la population amenant un accroissement des besoins, l'histoire est ainsi en perpétuelle évolution. La division du travail change de forme, sinon de nature, avec ces progrès et la propriété privée des moyens de production résulte de cette division du travail. Forces productives et rapports de production sont donc les bases sur lesquelles s'édifie une société donnée et ce sont eux qui l'expliquent en dernière analyse.

Mais les hommes ne sont pas que des animaux producteurs. Ils ont une conscience et celle-ci est le produit de leur vie en société. Elle s'identifie avec le langage, né de la nécessité de transmettre des informations aux autres. Le contenu de la conscience est déterminé par l'être de l'homme, et ici Marx et Engels insistent sur la base matérialiste de leur méthode. Le niveau même de la conscience des hommes correspond au niveau de développement de leurs relations sociales, et à mesure que les moyens de production et de communication s'accroissent, que les rapports entre les hommes deviennent plus riches et plus étendus, cette conscience s'enrichit. Avec le marché mondial, qui correspond à un développement universel de la production, elle devient une conscience universelle. Cependant, il ne faudrait pas voir dans ces rapports de l'être avec la conscience et dans la production de celle-ci par celui-là une relation unilatérale, à sens unique.

Avec la production se modifie aussi la division du travail. Elle se fait de plus en plus complexe, plus multiforme. Elle crée d'abord la séparation, puis l'opposition de la ville et de la campagne et atteint son degré de développement suprême dans la division du travail manuel et du travail intellectuel. Cette évolution, commandée par le développement de la société, se fait en dehors de la volonté des hommes, s'impose à eux comme une nécessité naturelle. A un certain moment la conscience apparaît donc comme indépendante de ses conditions matérielles et le monde semble dirigé par les idées. C'est ainsi que la classe dirigeante, la bourgeoisie, peut s'imaginer que ce sont de grandes idées de portée universelle qui dirigent son action et non la poursuite de ses intérêts. Mais en réalité les idées naissent des conditions matérielles et le mérite de Marx et d'Engels est d'avoir établi avec conséquence les bases matérialistes de la connaissance.

Cependant, la conscience et l'idéologie jouent elles aussi leur rôle dans le développement de l'histoire. Si les hommes veulent transformer leurs conditions de vie, les « circonstances », il faut qu'ils aient une connaissance scientifique des conditions de cette transformation. Modifier la conscience seule comme le voulaient les jeunes hégéliens ne conduit qu'à modifier l'interprétation du monde, et non le monde lui-même. Pour faire la révolution communiste, il ne suffit pas de se laisser bercer par des images utopiques de la société future, il faut agir sur les rapports de production et les transformer. Or cela n'est possible que si l'on s'est élevé à une connaissance scientifique du réel, à une conception scientifique des lois qui régissent l'histoire. Alors la conscience de classe ainsi éclairée pourra œuvrer efficacement pour transformer les circonstances, alors le socialisme sera scientifique.

Les classes sociales et leur antagonisme sont le produit nécessaire de la division du travail et des rapports de propriété qu'elle a entraînés. Chaque classe sociale qui s'est emparée du pouvoir politique représentait les intérêts de la majorité de la population face à une classe minoritaire qui le détenait. Cela signifie en dernière analyse que la classe montante s'est développée à l'intérieur des structures économiques et sociales antérieures. C'est sous le régime féodal que la bourgeoisie est devenue une puissance économique et elle s'est libérée du joug de la féodalité en se faisant le représentant des intérêts de la nation et en faisant appel à l'aide des autres couches opprimées pour réaliser un front commun contre la féodalité. Ainsi le développement des forces sociales de production amène à une situation où le régime social régnant est devenu une entrave et où se produit l'explosion révolutionnaire.

Chacune des classes qui se sont succédé au pouvoir représentait une majorité par rapport à celle qui l'avait précédée. Mais elle se trouvait à son tour en face d'une majorité et devait établir un régime de coercition à l'égard des couches sociales dont les intérêts s'opposaient aux siens. Ainsi l'État, créé comme un organisme de défense des intérêts communs contre les ennemis de l'intérieur et de l'extérieur, perd sa position d'organisme situé au-dessus des classes pour devenir l'instrument de la classe au pouvoir.

La bourgeoisie a engendré le prolétariat sans lequel elle ne peut assurer son hégémonie économique. Mais le développement des forces de production, la concentration inhérente au capitalisme, le marché mondial ont eu pour résultat de créer aussi une conscience universelle. Le prolétariat qui, du fait du développement de la production, représente maintenant l'immense majorité, ne peut plus défendre les intérêts de sa classe sans défendre en même temps les intérêts de l'ensemble des hommes. La révolution communiste succédera nécessairement à celles qui l'ont précédée et elle ne sera pas l'émancipation de la classe ouvrière seulement, mais celle de l'ensemble des hommes, car elle mettra fin à la propriété privée des moyens de production, qui est maintenant l'entrave au développement de l'histoire. Désormais la nécessité de la révolution communiste ne résulte plus d'une exigence philosophique. Marx et Engels écrivent : « Le communisme n'est pour nous ni un *état* qui doit être créé, ni un *idéal* sur lequel la société devra se régler. Nous appelons communisme le mouvement *réel* qui abolit l'état actuel. »

Ainsi s'est constituée la base théorique d'où découle la révolution communiste. Elle n'est plus abstraite, elle n'est plus utopique, mais elle est le résultat d'une étude des faits historiques et des grandes étapes qui ont marqué le développement de l'humanité. Elle est dans ce sens scientifique, car elle ne se réclame plus d'une idéologie, d'une conception de l'homme à la Feuerbach, d'une construction de l'esprit cohérente, mais idéaliste. Elle inscrit le communisme dans l'histoire comme une de ses étapes nécessaires résultant de tout le développement passé.

C'est la classe ouvrière qui réalisera le communisme, car c'est sa mission historique. Mais son action devra être dirigée par une vue scientifique et elle devra se constituer une conscience de classe conforme à sa mission. Désormais Marx et Engels ont une vue claire de l'avenir et des moyens d'y parvenir. Il faut encore qu'ils conduisent le prolétariat à adopter leurs vues et c'est la lutte qu'ils vont engager maintenant. C'est de cette lutte que naîtra le *Manifeste communiste*.

Les débuts du mouvement ouvrier allemand

A ses débuts, le mouvement ouvrier n'apparaît pas plus comme une organisation spécifiquement prolétarienne en Allemagne que dans les autres pays. C'est l'agitation qui accompagne la révolution de Juillet 1830 en France qui fait se grouper outre-Rhin une opposition où se retrouvent intellectuels, bourgeois et ouvriers. Ses buts immédiats sont politiques et sa revendication fondamentale celle de la liberté de presse, d'opinion et d'association. La chasse aux démagogues par laquelle le régime de la Sainte-Alliance s'efforce d'empêcher l'opposition de se répandre et l'exil volontaire ou forcé auquel elle contraint les éléments démocrates fait que c'est à l'étranger que nous retrouvons les premières organisations hostiles au régime absolu qui règne en Allemagne, organisations où se mêlent d'anciens *Burschenschaftler,* des hommes politiques comme Venedey, des artisans, des compagnons, bref des oppositionnels de toutes catégories sociales. Ils se groupent dès 1834 dans la Ligue des Bannis fondée à Paris qui constitue à l'époque le centre où se rencontre le plus grand nombre d'immigrants allemands. A la même époque se crée en Suisse le mouvement de la Jeune Allemagne, à l'instigation de Mazzini qui a fondé le mouvement de la Jeune Europe ; cette organisation recrute ses membres surtout parmi les artisans. Il faut noter aussi qu'à Londres il existe un fort noyau de ressortissants allemands qui constitueront bientôt la Société allemande de Londres.

Paris, la Suisse et Londres constituent donc des foyers où se regroupent des hommes qui ont quitté leur pays soit parce qu'ils n'en acceptent pas le régime politique, soit parce qu'ils ont entrepris, et c'est le cas de la plupart des compagnons, leur tour d'Europe pour se perfectionner dans leur métier. C'est là qu'ils s'initient aux idées nouvelles et c'est Paris qui en est le foyer principal. C'est en effet en France que s'est développée depuis la Révolution la pensée utopique, d'abord sous l'influence de Babeuf, qui exprime le mécontentement des masses et prône un communisme égalitaire, puis sous l'influence de Saint-Simon et de ses disciples, qui prêchent une réorganisation de la société. Fourier a aussi fait école et la question sociale est à l'ordre du jour. On en est encore à une conception de la révolution faite par un petit groupe et préparée dans le secret. Les conspirations fleurissent et la Société des Saisons que dirige Blanqui tentera sa chance en 1839. Il faut dire que la révolte des canuts lyonnais en 1831 a été le premier exemple de soulèvement ouvrier.

En 1836 la Ligue des Bannis s'est réorganisée et a constitué la Ligue des Justes, se séparant des hommes qui revendiquaient surtout des droits généraux et étaient plutôt des libéraux que des révolutionnaires. Le mot d'ordre, commun aux Bannis et à la Jeune Allemagne, était : Égalité et solidarité des hommes et des peuples. Avec la Ligue des Justes apparaît une revendication de caractère social : égalité des biens comme conséquence normale de l'égalité des hommes. La devise des Justes est : Tous les hommes sont frères ! Cette innovation correspondait à une modification dans la base sociale de la Ligue, dont la majorité des membres sont maintenant des artisans et des ouvriers.

La Ligue des Justes se donne en 1838 des statuts qui marquent une tendance très nette à la démocratisation. Certes elle reste une organisation secrète avec des cellules d'au plus dix membres et une autorité centrale. Mais les dirigeants sont élus et révocables et ils doivent être renouvelés tous les ans au mois de mai. D'autre part, chaque membre a le droit de faire des propositions qui sont soumises par l'autorité centrale à la discussion de toutes les organisations locales. Parmi les membres de la direction on retrouve des hommes comme Schapper, l'ancien *Burschenschaftler* qui travaille maintenant comme ouvrier typographe et sera un des fondateurs de la Ligue des communistes. On y trouve également des hommes de lettres comme German Mäurer ou des artisans comme le tailleur Weitling, dont les idées vont jouer un rôle déterminant pour l'orientation de l'organisation.

Wilhelm Weitling (1808-1871) fut un de ceux qui poussèrent à la réorganisation et à la séparation des éléments révolutionnaires de leurs compagnons de route libéraux. En 1838 il écrit une brochure : *L'Humanité telle qu'elle est et telle qu'elle devrait être* qui va constituer pour un temps le programme de la Ligue. Il la remaniera pour en faire en 1842 les *Garanties de l'harmonie et de la liberté*, dans lesquelles Marx verra un brillant début des ouvriers révolutionnaires allemands élevant le prolétariat de son pays au rang de théoricien du prolétariat européen. Dans les *Manuscrits de 1844* Marx avait fait la critique du communisme grossier qui voulait étendre à tous la catégorie de propriétaires ou d'ouvriers. Si, l'année de la révolte des tisserands de Silésie, il fait ainsi l'éloge de Weitling, c'est sans doute parce que le communisme prôné dans son livre est le résultat des méditations d'un artisan et non d'un intellectuel venu comme lui de la philosophie. C'était en tout cas la preuve que les ouvriers allemands étaient capables d'affirmer leur action de classe et leurs buts. Mais, en fait, Weitling proclamant que la société communiste était la condition d'un avenir heureux de l'humanité, se réclamait d'une conception de l'homme inspiré de Feuerbach que Marx n'avait pas non plus encore critiquée.

L'influence de Weitling va être à l'origine des conceptions sur la communauté des biens comme issue à l'exploitation capitaliste qui vont dominer quelque temps la Ligue des Justes. Elles étaient une réaction typique d'artisans menacés dans leur existence par le développement de la grande industrie et qui ne s'étaient pas élevés à l'intelligence de la marche de l'histoire. Leur tendance profonde était plus religieuse que scientifique, mais elles dominèrent pendant tout un temps la Ligue et Weitling sera son premier maître à penser.

En réalité l'organisation même avait pour effet que les influences étaient différentes selon les communautés. Les liens avec l'autorité centrale étaient assez lâches, et seuls les grands centres étaient les foyers d'une véritable vie politique. C'est à Paris et à Londres surtout que s'étaient constituées des communautés un peu nombreuses, ayant un véritable rayonnement par le canal des sociétés d'éducation ouvrière, associations publiques généralement dirigées par des membres de la Ligue. Les communautés parisiennes, par exemple, étaient directement en liaison avec les sociétés secrètes françaises, et la participation de plusieurs de ses membres à la conjuration de 1839 va les désorganiser pour un temps, certains étant arrêtés et d'autres obligés à l'exil. Weitling qui en prit alors la direction réussit à maintenir une certaine activité, mais les relations de Paris, qui était l'autorité centrale, avec les autres pays vont être un moment suspendues. A sa sortie de prison, Schapper rejoignit Moll à Londres où ils renforcèrent le mouvement communiste parmi les ouvriers.

Lorsque Weitling quitta Paris pour la Suisse, les communautés parisiennes déclinèrent. Des tendances multiples s'y firent jour, où l'on retrouvait les influences du socialisme de Saint-Simon ou de Fourier, tandis que d'autres maintenaient des liens assez étroits avec les néo-babouvistes ou avec le communisme de Cabet. Les orientations sectaires triomphaient et il n'y avait pas de discussion de fond sur les tâches et les buts fondamentaux. En Suisse, où le capitalisme était assez en retard et où un véritable prolétariat était lent à se constituer, Weitling ne connut pas vraiment le succès malgré la propagande qu'il réussit à faire par le canal de diverses revues. Les artisans communistes se méfiaient des intellectuels et il leur apparaissait comme un faiseur de système, alors qu'ils attendaient le développement du mouvement de la réaction spontanée des ouvriers.

C'est en Angleterre que les conditions étaient les plus favorables à l'élaboration d'un programme communiste. Le niveau d'industrialisation faisait qu'on y trouvait un véritable prolétariat, organisé déjà dans le mouvement chartiste. La liberté de réunion et d'association, le nombre de réfugiés politiques de toutes nationalités créaient un climat d'échanges et de discussions plus favorable. Les communautés de la Ligue étaient influencées par le chartisme, l'owenisme (qui possédait son propre organe : *The New Moral World*) et les émigrés français. Le retour de Weitling à Londres en 1844 fut l'occasion d'une manifestation ouvrière internationale, la première du genre, où Schapper souligna l'accord des communistes allemands et des socialistes anglais et réclama la fraternité des peuples. En septembre 1845 une autre manifestation eut lieu pour l'anniversaire de la Révolution française de 1792, organisée cette fois par l'aile gauche des chartistes sous la direction de Julian Harney et qui réunit un millier de personnes. Là encore les communautés londoniennes de la Ligue avaient participé et ses membres adhérèrent à l'organisation des *Fraternal Democrats*, dont les principes communistes étaient parvenus à un point de développement plus élevé que celui auquel ils en étaient eux-mêmes arrivés.

Pendant les années 1843 et 1844 on avait beaucoup discuté parmi les membres de la Ligue des Justes sur le contenu, les buts et la réalisation du communisme. Cela avait conduit à une critique de l'utopie cabétiste et des expériences oweniennes et l'on commençait à entrevoir la révolution communiste comme le résultat d'un long processus de propagande, utilisant tous les moyens légaux qu'offrait la démocratie. Rendant compte de la fête des Nations, Engels avait écrit : « La démocratie, c'est aujourd'hui le communisme. La démocratie est devenue un principe prolétarien, le principe des masses. » Cela signifiait déjà implicitement l'abandon des illusions putschistes qui avaient nourri la tactique et l'organisation des communistes. Dans les discussions avec Weitling, des hommes comme Schapper ou H. Bauer insistent sur la nécessité grandissante de s'appuyer sur la science, d'y voir clair dans le processus social. On sent le besoin de faire la synthèse entre le communisme uniquement prolétarien et celui que professent depuis quelques années certains philosophes. C'est essentiellement à Feuerbach que Schapper pense alors, et nous savons que l'*Essence du christianisme* a fait l'objet de conférences et de discussions dans les communautés, notamment à Paris. Ce qu'on pourrait appeler l'ouvriérisme des débuts commence à faire place au besoin d'une élévation des connaissances scientifiques des prolétaires qui les mènera à une conception plus sérieusement fondée de la révolution.

Le prolétariat commençait donc à trouver dans la philosophie ses armes intellectuelles. On se rend compte en effet que les articles écrits par Engels pendant ses deux années de séjour à Manchester ne sont pas restés inaperçus. A partir de 1844 les *Annales franco-allemandes* ou *La Situation de la classe laborieuse en Angleterre* (1845) sont accueillies favorablement et la lecture en est recommandée dans les cercles communistes. Engels et Marx eux-mêmes ont des contacts avec ce mouvement, l'un en Angleterre, l'autre à Paris, et si ce rapprochement reste encore sans effet tangible, il va préparer la synthèse des tendances purement prolétariennes et de la tendance philosophique qui va se réaliser entre 1845 et 1847.

Parallèlement l'influence de Weitling décroît et on peut estimer qu'à partir de 1845 son rôle de théoricien du prolétariat est terminé. Cela annonçait la fin de la conception artisanale du communisme qu'il avait essayé de faire triompher et qui avait tout de même permis de sérieux pas en avant.

LE COMITÉ DE CORRESPONDANCE COMMUNISTE DE BRUXELLES

Dans son article des *Annales franco-allemandes* Marx avait écrit que « la théorie aussi devient une puissance matérielle dès qu'elle s'empare des masses ». Dans son exil bruxellois, il sentait la nécessité de faire connaître les conclusions auxquelles l'avait amené sa conception matérialiste de l'histoire. Il était entouré d'un certain nombre d'hommmes comme Engels, Gigot, Wolff qui partageaient ses idées et c'est avec eux qu'il va créer au début de 1846 le Comité de correspondance communiste, en dehors de tout lien avec la Ligue des Justes.

Le but principal de cette organisation était « de réaliser la liaison des socialistes allemands avec les socialistes français et anglais, de tenir les étrangers au courant des mouvements socialistes qui vont se développer en Allemagne ainsi que d'informer les Allemands en Allemagne des progrès du socialisme en Angleterre et en France ». Il s'agissait donc d'établir une première liaison internationale entre les divers mouvements qui avaient inscrit le communisme dans leurs objectifs et sans doute d'essayer par ce canal d'amener les révolutionnaires sur des positions plus proches de celles que Marx avait dégagées. Il n'envisageait pas encore la création d'un parti proprement dit. Le comité se proposait de gagner à une cause commune, sur des bases établies au cours d'échanges et de discussions, les mouvements et les hommes qui se réclamaient du socialisme.

Nous sommes assez mal renseignés sur les liaisons que le Comité réussit à établir. Nous savons que Proudhon refusa d'y participer et nous avons des preuves qu'un certain nombre de relations personnelles de Marx et d'Engels se considérèrent comme des correspondants. Les organisations elles-mêmes furent, semble-t-il, assez réticentes au début. Cependant en mars 1846 les *Fraternal Democrats* se déclarèrent prêts à se constituer en comité de correspondance londonien. En juin 1846 les Justes de Londres décidèrent d'en faire autant en soulignant la nécessité d'amener à bref délai la constitution d'une organisation internationale des communistes.

Le Comité de Bruxelles va donc faire figure pendant un temps d'organisation communiste. Par la suite Marx en rappellera les objectifs : soumettre à une critique impitoyable le mélange de socialisme ou de communisme franco-anglais et de philosophie allemande qui constituait alors la doctrine secrète de la Ligue, faire pénétrer la compréhension scientifique de la structure économique de la société bourgeoise comme la seule base théorique solide dont il faudrait partir pour amener les ouvriers à participer au processus historique décisif qui se déroulait sous leurs yeux. Cette base était donc la conception matérialiste de l'histoire à laquelle Marx était lui-même parvenu et il insiste de plus en plus sur son aspect scientifique. Mais nous pouvons noter que, venu à ces idées par la voie de la philosophie, il juge le communisme philosophique (c'est-à-dire d'inspiration feuerbachienne) insuffisant au même titre que les utopies françaises et anglaises.

Weitling, qui avait perdu l'oreille des communistes

de Londres, arriva à Bruxelles au début de 1846 et adhéra au Comité de correspondance. Ses discussions avec Marx montrent bien l'opposition entre leurs conceptions. Sommé d'éclairer les bases de sa théorie, Weitling ne peut que répondre qu'il ne s'agit pas de créer de nouvelles théories économiques, mais de propager celles qui peuvent éclairer les ouvriers et leur apprendre à n'avoir foi qu'en eux-mêmes. Autrement dit, il faut leur faire pleinement confiance et attendre de leur développement spontané qu'ils trouvent les voies de passage au communisme. Marx s'emporte contre cette duperie qui peut susciter des illusions fantastiques ; il faut armer le prolétariat d'une doctrine solide et concrète. Il n'a que faire du messianisme de Weitling, car il s'agit non pas de cultiver un espoir sentimental, mais d'engager une action qui conduira à la transformation de la société. Et l'on sait comment la rupture fut consommée après qu'en frappant sur la table Marx s'était écrié : « Jamais encore l'ignorance n'a servi personne ! »

Le Comité va en réalité sortir du cadre qu'il s'était tracé et s'efforcer de faire triompher ses conceptions auprès des communautés communistes existantes. C'est à Paris qu'elles étaient numériquement les plus fortes et Engels y fut délégué en août avec mission de les gagner aux vues du Comité de Bruxelles. Des trois communautés, celle qui était composée en majorité de menuisiers était sous l'influence de Proudhon et de Karl Grün. Engels réussit à les convertir, mais il est intéressant de citer un passage d'une lettre qu'il adresse à Bruxelles en octobre 1846 et qui précise ce qu'il entendait lui-même à l'époque par communisme : « Je définissais donc les intentions des communistes : 1) Faire triompher les intérêts des prolétaires en opposition à ceux des bourgeois ; 2) Y parvenir par l'abolition de la propriété privée et son remplacement par la communauté des biens ; 3) Ne reconnaître aucun autre moyen pour réaliser ces intentions que la révolution démocratique violente. » La spécificité des intérêts du prolétariat y est bien soulignée ainsi que la nécessité de passer par la révolution violente ; les ouvriers ne doivent donc plus se laisser prendre aux illusions qui attendent tout de la valeur d'exemple des phalanstères et autres utopies ; ce n'est pas la bourgeoisie qui se laissera convaincre et les aidera à réaliser la société harmonieuse. Par contre la substitution de la communauté des biens à la propriété privée montre qu'Engels ne se représente pas encore nettement ce que la formule contient d'idées propres au communisme artisanal.

Vers le milieu de 1846 le Comité de Bruxelles proposa à la discussion un projet de congrès international des communistes de tous les pays à tenir dans un proche avenir. Peut-être cette proposition avait-elle pour origine Schapper, qui avait motivé l'adhésion des communautés londoniennes au Comité de Bruxelles par la nécessité de créer une organisation commune de tous les communistes. Nous ne savons pas exactement quel accueil fut fait à cette proposition.

En novembre 1846 la direction centrale de la Ligue des Justes allait passer de Paris à Londres. Alors que les Parisiens étaient affaiblis par les persécutions policières, les communautés de Londres s'étaient renforcées. Leurs membres dirigeaient les deux grandes associations ouvrières pour la culture qui comptaient au total environ cinq cents membres, et ils entretenaient de bonnes relations avec l'aile radicale des chartistes. Ils étaient en passe de se dégager du communisme artisanal et la nouvelle direction, composée d'hommes comme Schapper, Bauer, Moll, Pfänder, Eccarius inclinait de plus en plus vers des conceptions scientifiques. La nouvelle autorité centrale adressa aux communautés en novembre 1846 une circulaire proposant la constitution d'un parti vigoureux recherchant une transformation radicale de la société, l'élaboration d'une « profession de foi communiste simple qui pût servir à tous de ligne directrice » et la convocation d'un congrès de la Ligue pour le 1er mai 1847, lequel ne serait que le précurseur

d'un congrès universel des communistes pour 1848.
Elle reprenait ainsi une idée mise en avant par le
Comité de Bruxelles. Mais elle ne l'en informait pas,
celui-ci ne faisant pas partie de la Ligue des Justes.

Il semble que les bons rapports qui existaient entre
Londres et Bruxelles aient été troublés pendant un
temps, car Engels met en décembre 1846 Marx en
garde contre une rupture avec les Londoniens. De
son côté l'autorité centrale se rendit vite compte
qu'elle ne pourrait pas à elle seule régénérer la Ligue
des Justes. La circulaire de novembre était pratiquement restée sans réponse. Elle décida donc d'envoyer
fin janvier 1847 un émissaire, Joseph Moll, auprès du
Comité de Bruxelles pour obtenir son adhésion à la
Ligue. Nous ne savons pas sur quelles bases se firent
les négociations. Toujours est-il que Marx et Engels
se décidèrent enfin à adhérer à la Ligue et transformèrent le Comité de correspondance en Communauté des Justes. La liaison directe était établie entre
les tenants du socialisme scientifique et les ouvriers
communistes organisés.

L'activité des Bruxellois signifiait un renforcement
pour la Ligue et l'idée d'une profession de foi communiste avait été lancée. Les conditions pour la naissance du *Manifeste communiste* étaient désormais réunies.

LA FONDATION DE LA LIGUE DES COMMUNISTES

L'autorité centrale lança en février 1847 une nouvelle circulaire qui reprenait pour l'essentiel le
contenu de celle de novembre, mais dont le ton était
manifestement plus résolu. Prenant en exemple le
mouvement chartiste, les auteurs regrettent que les
communistes ne constituent pas encore un parti prolétarien indépendant, car « nous sommes à la veille
d'une révolution qui va probablement décider du sort
de l'humanité pour des siècles ». Les communistes
sont à la tête du mouvement, et il serait temps qu'ils

aient leur propre drapeau. Après avoir rappelé encore une fois la « courte profession de foi communiste », la circulaire fixait la date du congrès au 1ᵉʳ juin 1847. Nous savons maintenant, grâce aux découvertes de Bert Andréas, que ce congrès eut effectivement lieu du 2 au 9 juin et qu'il rédigea en effet un projet de profession de foi dont le texte est important, car il jalonne le chemin parcouru par la Ligue entre juin et décembre, date de son deuxième congrès.

Engels assista aux travaux de ce congrès en qualité de délégué des communautés parisiennes. Il y joua certainement un très grand rôle, puisque la profession de foi retrouvée est de sa main, s'il n'en est toutefois pas l'auteur. En tout cas les décisions prises furent extrêmement importantes, puisque la Ligue résolut de se transformer en Ligue des communistes et qu'elle adopta comme devise la phrase qui figure à la fin du *Manifeste* : « Prolétaires de tous les pays, unissez-vous ! » en remplacement de la vieille formule : « Tous les hommes sont frères. » Ce changement est tout à fait caractéristique de l'évolution qui s'est faite. C'est maintenant un appel au combat qui est le mot d'ordre de ralliement et qui affirme dès le premier mot le caractère de classe de la nouvelle organisation. On est passé de la formule égalitaire relevant d'une idéologie vague et sentimentale à la proclamation d'un objectif précis, immédiatement réalisable. Il n'est pas douteux que ce changement montre à quel point la conception des tâches politiques de la classe ouvrière a maintenant des bases nouvelles.

Les documents du congrès n'ont d'ailleurs pas tous le même caractère et il est probable qu'on est souvent arrivé à des formules de compromis qui permettaient de faire l'unité du mouvement. Nous ne pouvons faire ici l'analyse du projet de profession de foi communiste qui est issu de ce congrès, mais nous voudrions souligner certaines disparités qui font que l'on trouve dans ce document parfois des notions qui seront reprises directement par Marx et Engels dans le *Manifeste*, et d'autres qui relèvent encore d'une conception peu élaborée du communisme et qui grâce à la discussion qui va suivre seront finalement abandonnées.

Le projet de profession de foi se présente sous la forme d'un questionnaire en vingt-deux points qui lui donne un peu l'allure d'un catéchisme. L'ampleur des réponses aux diverses questions montre que les questions 7 et 12 ont été considérées comme décisives. Ce sont celles qui se rapportent à la définition du prolétariat. Or cette définition est donnée en termes historiques : le prolétariat n'a pas toujours existé, il est un produit du développement économique et en particulier de la grande industrie, sa condition se distingue de celle de l'esclave, du serf ou de l'artisan. Il est opposé directement à la bourgeoisie, définie comme la classe qui possède l'ensemble des moyens de production et des moyens de subsistance. Sa mission est clairement énoncée : à la différence des autres classes exploitées qui se sont succédé dans l'histoire, « le prolétariat ne peut se libérer qu'en supprimant la propriété en général ». Il est clair que nous retrouvons là des notions dont l'origine est évidente : ce sont les analyses mêmes sur lesquelles Marx et Engels appuient leur conception de l'histoire. Sur ce point capital, le projet montre à quel point Marx et Engels ont réussi à faire pénétrer leurs idées chez les membres de la nouvelle Ligue des communistes.

Si nous reprenons les premières questions, par contre, nous y trouvons des éléments qui sont des vestiges de conceptions antérieures peu élaborées. Le but des communistes est « d'organiser la société de telle sorte que chacun de ses membres puisse développer et exercer l'ensemble de ses facultés et de ses forces en toute liberté et cela sans porter atteinte aux fondements de cette société ». N'est-ce pas là un humanisme qui se réfère directement à Feuerbach ? Voilà qui ne cadre pas très bien avec l'appel inscrit en tête des statuts de la Ligue, mais correspond mieux à l'ancienne devise : « Tous les hommes sont frères. » D'ailleurs le projet de statuts adopté à ce premier congrès en dit long sur ce point : « La Ligue se propose de libérer les hommes de leur esclavage en répandant la théorie de la communauté des biens et en l'introduisant dans la pratique le plus tôt possible. » Voici reprises les vieilles notions vagues d'« esclavage » et de « communauté de biens ». L'esprit de ces formules s'accorde mal avec l'analyse du prolétariat exposée dans les articles 7 à 12 !

A son second congrès, du 29 novembre au 7 décembre 1847, la Ligue adoptera ses statuts définitifs, et l'énoncé du premier article suffit pour montrer à quel point les points de vue de Marx et d'Engels l'auront alors emporté. « Le but de la Ligue est la chute de la bourgeoisie, la domination du prolétariat, l'abolition de la vieille société bourgeoise reposant sur les antagonismes de classe et la fondation d'une société nouvelle sans classes et sans propriété privée. » Le premier congrès se déroule donc sous le signe d'une lutte entre tendances et les résolutions adoptées montrent que, volontairement ou non, on s'est mis d'accord sur des formules de compromis. Dans le projet de profession de foi on retrouve tout un arsenal de vieilles notions relevant du communisme artisanal comme la communauté des biens, le bonheur des hommes, etc. Mais on y trouve aussi, lorsqu'il s'agit de la question du passage au communisme, des raisonnements qui prouvent une analyse beaucoup plus poussée des conditions mêmes de ce passage. Il en va ainsi du problème de la révolution, qui ne se fait pas sur ordre mais est imposée par la répression des classes possédantes, du passage à la communauté des biens qui ne peut être décrété, mais est déterminé par l'évolution des rapports dans lesquels vivent les masses, de l'émancipation du prolétariat par une constitution démocratique, etc. Il y a dans ce premier projet des réponses qui sont presque déjà énoncées dans les termes où elles le seront dans le *Manifeste* et, à côté, des formulations qui reflètent combien les concepts employés étaient peu élaborés.

Par rapport à l'organisation antérieure, la Ligue des communistes marquait de sérieux progrès. Elle n'était plus conspirative, mais faisait de la propagande des idées communistes la tâche principale des communautés. C'est ainsi qu'elle avait décidé de publier une revue, la *Kommunistische Zeitschrift*, dont un numéro parut au cours de l'été. D'autre part les résolutions furent communiquées aux divers membres, ou du moins aux responsables, afin d'être discutées en vue du congrès suivant. La tendance à la démocratisation l'avait donc emporté et c'est une discussion ouverte qui va avoir lieu, avec des propositions d'amendements qui seront examinées au congrès de décembre. Il est resté des traces de cette discussion et ce sont elles qui avaient fait conclure à l'existence d'un document primitif (le projet de profession de foi) maintenant retrouvé. Au cours de ces six mois, les points de vue vont s'affermir et se clarifier.

La *Revue communiste* est à cet égard intéressante. Bien que rédigée après le congrès, on y retrouve de nombreuses traces des conceptions artisanales qui avaient animé la Ligue des Justes. Elle comporte essentiellement deux articles, dont on peut identifier l'un comme ayant pour auteur Schapper et l'autre comme venant de Wolff, qui appartenait à la communauté bruxelloise dirigée par Karl Marx. L'article de Schapper en particulier montre qu'il existait encore une certaine confusion, malgré les discussions du congrès. Il commence par une définition du prolétaire, et malgré la précision des conclusions qui s'expriment dans le projet de profession de foi, cette définition est encore très vague, partant de l'étymologie latine du terme et assimilant plus ou moins le pauvre et le prolétaire. On y relève par exemple cette phrase qui est très significative : « Les prolétaires de la société d'aujourd'hui sont tous ceux qui ne peuvent vivre de leur capital; l'ouvrier tout autant que le savant, l'artiste comme le petit-bourgeois. » Les conditions historiques de la constitution du prolétariat ont disparu, les frontières de la classe ouvrière s'estompent, la révolution n'apparaît plus comme le mouvement autonome du prolétariat, mais comme le sursaut de tous les opprimés.

Par contre des éléments dégagés dans la discussion sur le passage au communisme sont retenus. L'œuvre d'émancipation sera une œuvre de longue haleine pour laquelle il faudra d'abord gagner les esprits par un travail de propagande dont la durée est estimée à une génération. Le passage au communisme ne se fera pas brutalement et en une seule étape, car « la propriété privée ne peut être transformée que peu à peu en propriété sociale ». C'est certes la rupture avec les illusions putschistes, c'est aussi le rejet des utopies cabétistes ou du communisme pseudo-philosophique à la Karl Grün qui aboutissait à une religion de l'amour. Mais la nécessité de la révolution commu-niste comme étape inéluctable du développement de l'humanité y est laissée dans l'ombre. Le ralliement aux enseignements de Marx et d'Engels n'est pas total à l'issue de ce premier congrès.

Les *Principes du communisme* de Friedrich Engels

Conformément aux décisions du congrès, le projet de profession de foi fut diffusé dans toutes les com-munautés aux fins de discussion. Il est probable que dès la fin de juin la nouvelle autorité centrale avait fait le nécessaire. Nous trouvons dans la correspon-dance d'Engels des traces de ces débats. Les commu-nautés parisiennes semblent avoir mis la question à l'ordre du jour dans le courant d'octobre. En tout cas, à la séance du 22 octobre, Moses Hess présentait ce qu'Engels a appelé « un projet à l'eau de rose » où devaient évidemment intervenir des conceptions ins-pirées du socialisme « vrai » auquel il se rattachait. Engels eut tôt fait de mettre en pièces ce programme édulcoré et fut chargé de présenter un contre-pro-gramme. C'est le texte « misérablement rédigé, écrit dans une terrible hâte » que nous connaissons sous le titre *Principes du communisme*.

Dans sa lettre du 23-24 novembre 1847 à Marx, Engels en donne le plan : « Je commence ainsi : Qu'est-ce que le communisme ? et tout de suite après le prolétariat — origine, différence avec les ouvriers d'autrefois, développement de l'opposition entre prolétariat et bourgeoisie, crises, conséquences à en tirer. Parmi tout cela, toutes sortes de points secondaires et enfin la politique de parti des communistes, dans la mesure où elle doit être rendue publique. Ce projet n'est pas encore tout à fait au point pour être soumis à l'approbation de la Ligue, mais je pense le faire accepter, à quelques petites choses près, sous une forme telle que rien n'y figure qui soit contraire à nos idées. » La forme même de ce texte et son plan s'expliquent très bien maintenant que nous connaissons le projet de profession de foi qui a été le document de travail de base. Les *Principes* constituent un jalon entre ce premier texte et le *Manifeste*. Dans la même lettre Engels écrit d'ailleurs : « Réfléchis donc un peu à la profession de foi. Je crois qu'il est préférable d'abandonner la forme de catéchisme et d'intituler cette brochure : *Manifeste* communiste. Comme il y faut parler plus ou moins d'histoire, la forme précédemment adoptée ne convient pas. »

C'est la première fois que l'on voit apparaître le mot de Manifeste, et il est probable que l'on peut en attribuer la paternité à Engels, comme il était sans doute le père de la devise : Prolétaires de tous les pays, unissez-vous ! Il est intéressant qu'il fasse cette proposition à Marx dans la lettre même qui annonce ses *Principes* : après le travail de rédaction auquel il s'était astreint et où il s'agissait pour lui d'exprimer leurs vues communes, il arrive à la conclusion que la forme catéchistique n'est pas adaptée au but qu'ils poursuivent. Cette lettre est écrite quelques jours avant qu'ils se rendent tous deux au congrès de la Ligue qui doit commencer le 29 novembre. Ce sont donc eux qui feront triompher une conception nouvelle avec la rédaction d'un manifeste et l'abandon d'une profession de foi dont, à la réflexion, l'énoncé

lui-même devait leur paraître peu en accord avec
l'orientation scientifique qu'ils se proposaient de faire
adopter.

Nous nous arrêterons un peu aux *Principes du communisme* en les comparant avec le projet de profession
de foi issu du premier congrès. Dans cette lutte que
mènent Marx et Engels pour faire triompher leurs
vues, il n'est pas inutile de faire le point grâce à ce
texte qui constitue comme un relais entre les intentions primitives et la forme qu'elles revêtiront dans le
texte du *Manifeste*.

On est frappé dès l'abord par le fait qu'Engels n'ait
gardé des six premières questions de la profession de
foi que la deuxième, et encore pour la formuler :
« Qu'est-ce que le communisme ? » Nous avons déjà
souligné que ce début était tout imprégné d'anthro-
pologie feuerbachienne et de relents d'utopie. Dès la
première réponse, Engels dit : « Le communisme est
la théorie des conditions de libération du prolétariat. » Il situe d'emblée le problème sur un plan de
classe. Le terme de communauté des biens, qui
figure dans les autres questions du projet, est soi-
gneusement évité par Engels tout au long de son
exposé. Les questions suivantes appellent aussi quelques remarques. Le point de vue de Marx et d'Engels
semblait déjà l'avoir emporté dans la rédaction adoptée par le congrès. Les formulations des *Principes*
marquent un progrès nouveau dans le sens d'une
définition plus rigoureuse. Le prolétariat est maintenant défini comme « cette classe de la société qui tire
sa subsistance uniquement de la vente de son travail
et non du profit de quelque capital ». En bref, il est la
classe ouvrière du XIXᵉ siècle. La notion de vente du
travail (qu'il faut traduire dans la terminologie marxiste élaborée par vente de la force de travail) est la
distinction essentielle qui fait du prolétariat le produit de l'évolution économique antérieure. Nous
sommes ici sur le terrain de l'histoire et non sur celui
de la distinction entre riches et pauvres à laquelle
s'en tenaient les utopistes. Et dès la question 4

« Comment est né le prolétariat ? », Engels se livre à un exposé à la fois théorique et historique qui introduit la notion de révolution industrielle et étudie les changements intervenus dans la condition et le travail de l'ouvrier moderne. On voit aussi apparaître entre l'artisanat et l'industrie moderne le stade de la manufacture, totalement absent du texte de juin 1847.

Le développement sur l'origine du prolétariat est nettement plus circonstancié : l'exposé se fait plus historique, c'est tout le développement de l'économie depuis le milieu du XVIIIe siècle qui est brièvement retracé. Le problème de la vente du travail de l'ouvrier au capitaliste est posé et Engels définit le salaire comme « le minimum indispensable à la conservation de la vie », définition que nous retrouverons dans les conférences de Marx sur *Travail salarié et Capital* au début de 1848. Le souci d'enchaînement logique d'Engels apparaît dans la question suivante où il étudie « les » classes ouvrières qui ont précédé la révolution industrielle. Il étudie successivement ce qui différencie l'ouvrier salarié de l'esclave, du serf, de l'artisan et de l'ouvrier de manufacture. Engels a manifestement voulu suivre tout le développement de la classe ouvrière en marquant les différentes étapes. Par contre il n'a pas traité la différence entre le prolétaire et l'artisan, bien qu'il ait noté la question. La page restée blanche signifie-t-elle qu'il trouvait ce problème suffisamment élucidé dans la version du congrès ou s'est-il réservé d'élaborer une réponse plus explicite ? Nous n'avons aucun indice qui nous permette de le savoir. Enfin un point mérite d'être mentionné, car il indique le niveau de réflexion théorique auquel il s'était élevé. Comparant la précarité de l'existence du prolétaire à la sécurité relative de celle de l'esclave et du serf, il écrit : « L'existence n'est assurée qu'à la totalité de la classe prolétarienne. » L'existence de cette classe dans son ensemble est assurée, car elle est la condition même du maintien du système capitaliste, tandis que les destinées individuelles des prolétaires sont contingentes. La vue du développement social est globale, et c'est aussi en termes de classe entière que Marx raisonnera au niveau d'élaboration du *Capital*.

Ici le projet de profession de foi revenait à la communauté des biens. Engels, lui, continue son analyse des conséquences de la révolution industrielle et trace un tableau du développement de la société qui, à plus d'un égard, annonce déjà la Section I du *Manifeste*. Nous y trouvons l'évolution dialectique des deux classes sur lesquelles repose l'ensemble du mode de production capitaliste et la démonstration logique que son aboutissement nécessaire est l'abolition de la propriété privée. Le communisme apparaît maintenant non plus comme une construction utopique issue du spectacle des inégalités sociales, mais comme le résultat historique du développement du capitalisme. Il conclut : « L'abolition de la propriété privée est même la façon la plus brève et la plus caractéristique de résumer la transformation de l'ensemble du régime social qui résulte nécessairement du développement de l'industrie et elle est donc à juste titre mise en avant par les communistes comme la revendication principale. » Dès lors, la question 15 des *Principes* qui reprend dans une formulation nouvelle la question 13 de la profession de foi s'enchaîne avec une logique implacable. Engels introduit la notion de conflit entre le développement des forces productives et les formes de propriété, conflit nécessaire pour que mûrissent les conditions de la transformation sociale. Ce sont des idées que nous retrouverons dans une formulation analogue dans la grande définition du matérialisme historique que Marx donnera en 1859 dans la préface à la *Contribution à la critique de l'économie politique*.

Dans la suite Engels reprend à peu près les idées déjà développées dans le projet de profession de foi sur le passage pacifique au communisme ou la rapidité de ce passage. Il y répond de façon plus précise, mais il n'y a pas de changement fondamental. Par contre on note des divergences assez sérieuses dans

les questions suivantes. Les questions 16, 17 et 18 de
la profession de foi sur les voies et moyens du passage
à la communauté des biens sont condensées dans les
Principes en la seule question 18 : Quel sera le déroulement de cette révolution? Engels donne ici tout un
programme d'action beaucoup plus détaillé. Il énu-
mère des mesures précises pour « assurer l'existence
du prolétariat » qui consisteront surtout à utiliser à
fond toutes les possibilités qu'offre la démocratie
pour porter atteinte aux formes de propriété existantes. La dialectique du développement économique et politique est saisie ici dans toute son efficacité. Engels formule même douze mesures qui seront
des mesures de gouvernement et que Marx repren-
dra, en les résumant, dans le *Manifeste*.

Notons aussi que lorsqu'il revient à la suite des
questions du projet de juin 1847, Engels les formule
souvent différemment. C'est ainsi que le point 21
était énoncé dans le projet : « La communauté des
femmes ne sera-t-elle pas proclamée en même temps
que s'instaurera la communauté des biens? » Engels
pose le problème sous la forme : « Quelle influence le
régime de la société communiste exercera-t-il sur la
famille? » et il donne dans sa réponse une analyse
précise, met en accusation le capitalisme où règne en
réalité, et non seulement avec la prostitution, le
régime de la communauté des femmes. L'organisation communiste aura précisément pour effet de
mettre fin à ces pratiques. Nous avons ici la préfigu-
ration de tout un développement du *Manifeste*. Dans
quelle mesure ce qu'écrivait Engels lui était inspiré
par ses échanges avec Marx, dans quelle mesure lui
suggérait-il lui-même ces idées, c'est un point qui
n'est pas élucidé.

En tout cas, par rapport à la profession de foi, les
Principes apportaient bon nombre d'éléments nouveaux. D'abord Engels pousse son analyse du développement du capitalisme plus loin que ne le suggé-
raient les questions. Dans son étude des suites de la
révolution industrielle, il va jusqu'au bout de sa

démonstration et introduit les crises industrielles et leurs conséquences, qui font partie de la dialectique du développement capitaliste. La notion de conflit entre les forces de production et les formes de propriété ne reste pas vague. Engels l'illustre en l'appuyant sur des faits historiques qui sont le fondement scientifique de son analyse. Le capitalisme en est arrivé à un point de développement où apparaissent déjà les antagonismes internes qui révèlent en lui une forme destinée à périr. D'autre part il pose la question de la révolution dans un seul pays et des suites de l'abolition de la propriété privée. A l'ère du marché mondial, de l'interdépendance universelle des individus, la suppression de la propriété privée ne peut être qu'universelle : mais les conditions sont remplies, avec l'essor des forces productives, pour que cette suppression entraîne l'émancipation universelle. Non seulement elle signifiera la disparition des oppositions de classes et des classes elles-mêmes, mais elle entraînera aussi, dans la suite du développement, la fin de la division naturelle du travail et son remplacement par une planification de la production qui permettra à chacun d'exercer librement l'activité pour laquelle il se sentira des dons. C'est donc un tableau historique complet, comprenant même des perspectives d'avenir, dans lequel Engels inscrit la nécessité de la révolution communiste et ses suites logiques.

Enfin, les deux dernières questions, qui concernent les rapports des communistes et des autres partis, sont aussi nouvelles. A la vérité, sentant l'approche de la révolution qui éclatera en 1848, l'autorité centrale de la Ligue des communistes avait déjà demandé par deux fois que ses membres réfléchissent à ces questions et proposent leurs solutions. La classification qu'établit Engels parmi les socialistes préfigure déjà celle que l'on trouvera dans la Section III du *Manifeste* et son analyse des « autres partis politiques » sera reprise à peu près intégralement par Marx. Les *Principes du communisme* sont donc par leur contenu plus proches du *Manifeste* que du projet de profession de foi.

Ils sont une étape de l'élaboration de ce texte illustre. Et pourtant ils en diffèrent considérablement. D'abord par la forme, qui est encore calquée sur le catéchisme préconisé par la Ligue des communistes. Mais Engels, en les rédigeant, a senti précisément que cette forme n'était plus compatible avec la démonstration scientifique que Marx et lui entendaient donner pour que ce programme politique découle directement des principes du matérialisme historique qu'ils avaient élaborés. En ce sens il a certainement eu une influence sur la rédaction du *Manifeste*. Si l'on comparait les deux textes, on trouverait sans doute que leur contenu est le même. Pourtant les *Principes du communisme*, s'ils avaient été publiés, n'auraient jamais eu l'impact qu'a trouvé le *Manifeste*. Si celui-ci entraîne par sa force convaincante, il le doit au fait que Marx a su trouver un style d'exposition susceptible de toucher les prolétaires auxquels il était destiné. Il est certain que plusieurs démonstrations sont plus complètes chez Engels qu'elles ne le sont dans l'œuvre définitive, même si dans les détails elles sont parfois critiquables. Le souci didactique l'a emporté chez lui et c'est cette différence de ton qui fait la grande différence entre les deux œuvres.

RÉDACTION ET PUBLICATION DU *MANIFESTE COMMUNISTE*

Le congrès de la Ligue des communistes auquel devaient être adoptés les statuts et la profession de foi définitifs dont le congrès constitutif de juin avait établi les projets se réunit à Londres le 29 novembre 1847. Cette fois Marx et Engels y assistèrent tous les deux. Les discussions furent longues puisqu'il se termina le 8 décembre seulement. Les deux fondateurs du matérialisme historique s'étaient sans doute donné pour tâche de convaincre leurs amis et de les amener sur leurs positions. Il fallut probablement qu'ils argumentent avec ténacité pour surmonter les restes de conceptions utopiques ou de communisme artisanal qui subsistaient chez un certain nombre d'entre eux. Marx avait publié dans le courant de 1847 *Misère de la philosophie*, ouvrage dirigé contre Proudhon, qu'Engels qualifie dans une lettre de « notre programme », et ce livre avait sans doute contribué à faire la clarté sur de nombreux points. Il est une des sources directes du *Manifeste*. En tout cas ils réussirent sans aucun doute à rallier les communistes réunis à Londres à leurs conceptions puisque le congrès décida de les charger tous deux de la rédaction du *Manifeste du parti communiste*. Le congrès avait également adopté les statuts définitifs de la Ligue, dont nous avons eu l'occasion de démontrer qu'ils étaient très directement inspirés des idées de Marx et d'Engels.

En quittant Londres, où ils restèrent encore quelques jours, les deux amis regagnèrent Bruxelles, où Marx arriva vers le 13 décembre et Engels le 17. Mais ce dernier n'allait pas y rester très longtemps puisque à la fin de décembre il est déjà de retour à Paris et qu'il ne reviendra que le 29 janvier 1848. Pendant toute la période de la rédaction, Marx sera seul à Bruxelles et c'est ce qui a amené à en faire l'unique auteur. Le manuscrit ayant disparu, nous devons nous contenter de la seule indication que nous puissions dater : le plan de la Section II, de la main de Marx, dans un carnet qui porte la date : décembre 1847. Il est donc possible qu'ils se soient mis d'accord alors qu'Engels était encore à Bruxelles, mais la rédaction elle-même est du seul Marx. Cela ne signifie d'ailleurs pas qu'ils ne puissent en assumer tous les deux la paternité. Le nombre de passages qui sont repris directement des *Principes du communisme* est assez important pour que l'on soit en mesure d'affirmer que la double signature est parfaitement conforme à la réalité. Les passages inspirés de *l'Idéologie allemande* qu'ils avaient rédigée en commun en 1845-1846 sont aussi là pour témoigner que le *Manifeste* n'est pas l'œuvre d'un seul auteur.

Il faut d'ailleurs aller plus loin. D'une part Marx disposait de documents qui lui avaient été remis par la Ligue des communistes. Si nous ne savons pas exactement ce qu'étaient ces documents, nous pouvons supposer qu'il s'agissait des circulaires émises par l'autorité centrale et peut-être aussi des réponses qu'elle avait reçues des différents cercles. Mais d'autre part nous avons vu que si Marx avait enrichi les cercles communistes d'une théorie élaborée, il avait aussi reçu de ces cercles de nombreuses suggestions. C'est à partir du moment où Marx est en contact avec les milieux ouvriers que sa conception philosophique se modifie, et il a reconnu lui-même qu'il avait beaucoup appris en fréquentant les cercles d'ouvriers révolutionnaires. On peut donc considérer le *Manifeste* comme le produit d'un effort collectif. Son élaboration a été le fait de collectivités qui en ont discuté le contenu avant que Marx ne leur prête sa plume pour lui donner sa forme définitive.

Aux yeux du Comité central de Londres, Marx en était bien l'unique responsable. Comme le mois de janvier avançait et que l'on ne voyait rien venir, le Comité central de Londres adressa au Comité régional de Bruxelles le 26 janvier 1848 une décision du 24 janvier aux termes de laquelle il y avait lieu de presser Marx d'en finir avec la rédaction et de donner avant le 1er février son manuscrit prêt pour l'impression, sinon il devait renvoyer immédiatement tous les documents mis à sa disposition. Le congrès ayant chargé Marx et Engels de la rédaction, on peut s'étonner de cette contradiction apparente. Mais n'oublions pas qu'une grande partie des papiers de cette époque n'a pas été retrouvée. Rien ne dit qu'Engels, qui était à Paris comme responsable des cercles parisiens, n'ait pas averti dans une lettre le Comité central de son séjour, d'où il était facile de déduire que Marx était seul à s'occuper de cette rédaction.

En tout cas, le manuscrit n'était pas parvenu à Londres le 26 janvier, et comme les mesures annoncées n'ont pas été prises, on peut estimer qu'il y était le 1ᵉʳ février. La rédaction se place donc très vraisemblablement au mois de janvier 1848. L'impression s'est faite assez rapidement. Il était déjà dans le programme de la Ligue des Justes de se constituer une imprimerie. Les ouvriers s'étaient cotisés et les vingt-cinq livres sterling recueillies avaient permis d'acheter en Allemagne un jeu de caractères. Ils avaient servi l'été précédent à composer la *Revue communiste* qui avait été tirée dans une imprimerie à gages. Ils ont servi à nouveau à la composition des premières éditions du *Manifeste* qui fut imprimé par les presses de J.E. Burghard, probablement membre de la Ligue, et parut avec l'indication : *Gedruckt in der Office der Bildungs-Gesellschaft für Arbeiter.* Cette association était une des sociétés qui servaient de façade à la Ligue, mais la comptabilité des cercles londoniens montre que c'est bien à leurs frais que se fit l'impression. C'était une brochure de vingt-trois pages sans indication d'auteurs.

Leurs noms furent révélés par Julian Harney, qui était leur ami, lorsqu'en 1850, son journal *The Red Republican* publia la traduction anglaise. Lorsqu'ils le republièrent en 1872 en le dotant d'une préface, Marx et Engels en reconnurent la paternité.

Ainsi le *Manifeste* sortit des presses presque au moment où la Révolution de février à Paris allait donner le signal du soulèvement dans la plupart des pays d'Europe. Pratiquement, cette parution était trop tardive pour que ce texte pût jouer un véritable rôle dans la grande tourmente. C'était un programme qui était autant destiné à faire connaître les intentions des communistes qu'à aider la classe ouvrière à prendre conscience de son rôle historique. Le prolétariat européen n'était pas encore assez organisé pour que le *Manifeste* pût avoir une influence décisive sur le déroulement des événements. Il eût fallu pour cela qu'il soit connu dans toutes les langues, mais malgré les déclarations optimistes du préambule, la plupart des traductions annoncées ne virent pas le jour.

Il est impossible d'étudier la diffusion du *Manifeste* sans se référer à l'ouvrage fondamental de Bert Andréas. Cependant, malgré la minutie des recherches de l'auteur, qui a dénombré plus de 544 éditions totales ou partielles entre 1848 et 1918, son livre fait apparaître plus de zones d'ombre qu'il ne donne de certitudes. Pour l'année 1848, Bert Andréas dénombre quatre tirages de la première édition, mais sur le quatrième tirage, par exemple, il ne peut faire que des conjectures. On n'a pas retrouvé des exemplaires de chacun des tirages, et il est possible que le texte ait été remis sur machine sans qu'il en soit resté de traces. Le premier tirage de la première édition a sans doute été de mille. Mais les circonstances révolutionnaires ont fait qu'il a fallu procéder à plusieurs tirages. Le livre n'était pas, semble-t-il, destiné à la vente, mais à la diffusion parmi les membres de la Ligue et autour d'eux. On sait que chacun des communistes allemands qui regagnèrent leur pays après la Révolution de Berlin était muni d'un exemplaire. Mais sur le nombre des exemplaires ainsi diffusés on ne peut faire que des suppositions appuyées soit sur des estimations de police, soit sur des déclarations souvent difficilement contrôlables.

Même si le nombre des éditions repérées n'est sans doute pas complet, leur répartition dans le temps fait cependant apparaître une périodisation intéressante, car elle correspond au regain d'activité du mouvement ouvrier et à ses éclipses. Entre 1848 et 1852, c'est-à-dire jusqu'à la dissolution de la Ligue des communistes à la suite du procès des communistes à Cologne, les éditions totales ou partielles sont nombreuses puisqu'on en compte quarante. La plupart sont en allemand et pour cette période on ne compte que deux traductions formellement identifiées, l'une en suédois, l'autre en anglais. Entre 1869 et 1874, après une éclipse quasi totale, on assiste à une recrudescence de l'intérêt (44 éditions totales ou partielles) avec des traductions en russe, en serbe, en espagnol et en portugais. Après 1880 par contre, date

de la renaissance du mouvement ouvrier dans toute
l'Europe, les éditions se comptent par dizaines, et le
mouvement ne s'arrêtera plus jusqu'à nos jours.

L'édition allemande de 1872 parut avec le titre :
Manifeste communiste. On ne devait plus revenir au
titre primitif. L'indication : parti communiste avait
souvent eu pour résultat, étant donné la personnalité
des auteurs, que les rééditions en langues étrangères
s'étaient faites sous le titre : Manifeste du parti communiste allemand. Après 1872 la brochure a véritablement trouvé son audience internationale. Les
classes ouvrières de toute nationalité y ont trouvé leur
programme et c'est le titre *Manifeste communiste* qui
l'emportera.

QUELQUES REMARQUES SUR LE *MANIFESTE*

a) *Les sources*

La recherche des sources d'inspiration fait partie
de l'arsenal de la science, et à propos du *Manifeste* on
ne s'en est pas privé. Nous nous sommes efforcé de
retracer la genèse de ce texte qui nous paraît plus
importante que l'étude des sources elles-mêmes.
Celle-ci demanderait, pour être menée à bien,
l'investigation de toutes les lectures auxquelles Marx
et Engels se sont livrés avant 1848. Ce serait la seule
méthode scientifique possible. Malheureusement
nous manquons de documents suffisants pour établir
la liste de tous les auteurs qu'ils ont lus et dès que
l'on recherche la liste des ouvrages qu'ils ne pouvaient pas ignorer parce qu'ils étaient en vogue de
leur temps, on tombe dans le domaine des conjectures. Nous renoncerons donc à ce genre de
recherches qui, n'importe comment, dépasserait le
cadre de cette édition.

Ceux qui se sont efforcés d'établir des parentés
entre la pensée de Marx et d'Engels et telle ou telle
tradition de la pensée socialiste l'ont souvent fait
dans une optique partisane ou sur la base d'un inven-

taire de textes insuffisant. En fait, ce sont des recherches qui remontent au début du siècle, et quel que soit leur mérite, elles ne pouvaient être que partielles, les documents dont on disposait sur les deux auteurs étant à l'époque tout à fait incomplets. On est loin d'en avoir fait encore l'inventaire exhaustif et il ne sera pas possible tant que des archives importantes n'auront pas été ouvertes aux chercheurs.

Charles Andler a tenté vers 1901 d'établir ces parentés. Son mérite était grand à l'époque car on en était aux premiers balbutiements de la recherche marxiste. Membre du mouvement socialiste français, il s'est, bien que germaniste, plus attaché à la documentation française qu'à aucune autre. Il est bien évident que dans la période qui précède la révolution de 1848 il existe tout un courant socialiste plus ou moins inspiré du saint-simonisme ou du fouriérisme. Chez Bazard, chez Louis Blanc, chez Sylvain Maréchal, on peut trouver des formules qui peuvent anticiper celles du *Manifeste*. Mais plutôt que d'établir une filiation, il faudrait se livrer à une étude comparative et complète des textes. Il s'agirait là d'un inventaire des expressions de la pensée socialiste ou communiste antérieure à la Révolution de février, dans lequel les antécédents du *Manifeste* auraient aussi leur place. Le défaut de l'étude d'Andler est précisément d'avoir voulu inscrire le *Manifeste* dans une tradition et, de ce fait, d'en avoir plus ou moins trahi l'esprit. La critique des systèmes socialiste et communiste, pour brève qu'elle soit, que l'on trouve dans la Section III devrait inciter à la prudence. Toute recherche des sources faite dans cet esprit risque en effet de se trouver en contradiction avec les déclarations expresses des auteurs eux-mêmes.

Nous pensons pour notre part que ce genre de recherche appliqué à l'étude du *Manifeste* amène à en minimiser l'originalité et la nouveauté. La pensée de Marx et d'Engels a déjà atteint en 1848 un degré d'élaboration tel qu'ils ont véritablement fait des découvertes dans le domaine de la conception de l'histoire qui sont, par rapport au niveau de leurs contemporains, révolutionnaires. Toute l'action de la brochure s'explique en effet par le fait qu'elle est la première expression d'un type de pensée socialiste nouveau, car il se fonde uniquement sur la connaissance et se débarrasse peu à peu des restes de pensée utopique qui étaient la marque de la pensée socialiste de l'époque. On peut remarquer que la notion de socialisme scientifique n'est pas exprimée par Marx et Engels eux-mêmes à cette date. Ce n'est que dans la préface à l'édition de 1890 qu'Engels emploiera cette expression. Elle résultait de l'application des principes exprimés dans le *Manifeste* par le mouvement ouvrier auquel il avait fourni sa théorie.

b) *La composition*

Nous avons déjà indiqué rapidement ce qui différencie les *Principes du communisme* du *Manifeste*. Le caractère didactique des premiers est particulièrement sensible quand on se sent emporté par l'élan et le style du second. Marx a élagué et n'a retenu, en dehors de la marche générale, que ce qui va constituer les piliers de sa démonstration. Car si le *Manifeste* est un programme de combat, un cri de guerre, un appel au rassemblement et à la prise de conscience, il n'en a pas moins une structure rigoureuse. Marx n'intervient pas dans ce texte qui se borne à relater des faits. Tout sentimentalisme, toute utopie en sont rigoureusement bannis. Mais l'enchaînement est tel que les conclusions en dérivent d'elles-mêmes, sans qu'il soit fait appel aux moyens qu'auraient pu apporter les effets oratoires.

Le texte se présente divisé en quatre Sections, d'importance inégale d'ailleurs. On pourrait qualifier de théoriques les deux premières, qui s'attachent à montrer comment la révolution communiste est un moment du développement historique, et un moment nécessaire. Les deux dernières Sections s'attachent plus à situer les communistes dans le mouvement général du socialisme qui trouve des expressions diverses à la veille de la révolution de 1848. Elles ont un objectif politique immédiat et ce sont certainement celles qui ont le plus vieilli. Il faut les replacer dans les luttes de l'époque pour en comprendre la véritable portée. Mais cela ne signifie pas qu'elles aient perdu toute signification actuelle.

La première section, intitulée « Bourgeois et Prolétaires », pose dès la première phrase le principe directeur : l'histoire est l'histoire de luttes de classes. Suit une fresque rapide de l'histoire de la société qui aboutit à la simplification moderne de l'opposition des classes, dont deux seulement restent en présence : la bourgeoisie et le prolétariat. Toute la section se divisera donc en deux grandes parties, dont chacune sera consacrée à l'une des deux classes, tandis qu'un dernier développement montrera l'inéluctabilité de la révolution prolétarienne.

La partie consacrée à la bourgeoisie suit le processus historique de la naissance et du développement de cette classe. Marx commence par décrire le processus économique de sa formation. Il indique comment la croissance des forces productives a amené la naissance à l'intérieur de la société féodale d'une classe nouvelle qui avait pour caractéristique d'en bouleverser constamment la base économique. Alors que la domination des classes antérieures repose sur la stagnation et l'immobilisme, l'essence même de la bourgeoisie fait qu'elle est le mouvement. Alors qu'Engels s'en tenait aux facteurs économiques, Marx souligne le rôle politique qui découle de la mission de la bourgeoisie. Elle conquiert peu à peu les libertés dont elle a besoin, jusqu'au jour où elle réalise son hégémonie à la fois politique et économique.

Après avoir ainsi montré sa naissance et son développement, Marx analyse la nature profonde de la bourgeoisie qui ne peut exister sans jouer un rôle révolutionnaire du fait qu'elle a pour loi l'extension de sa puissance économique et qu'elle doit briser tous les rapports sociaux traditionnels. Elle réduit tous les rapports antérieurs à de simples rapports d'argent, mais en même temps elle révolutionne en permanence toutes les conditions de la production. Grâce à son hégémonie, grâce à la constitution du marché mondial, elle a brisé toutes les limites existantes et enrichi l'humanité, que l'extension de la production et des communications a fait accéder au niveau de l'universel. La classe des oppresseurs d'aujourd'hui s'est donc constituée dans un processus révolutionnaire et elle a fait franchir à l'histoire un pas décisif.

Mais, et c'est le dernier volet du développement, ses conditions mêmes d'existence font que se retournent contre elle les moyens mêmes de sa puissance. Elle ne peut continuer à se développer sans connaître des crises périodiques, et le développement sans frein des forces productives qui reste sa loi fait éclater la contradiction : le régime social qu'a créé la bourgeoisie est devenu pour ce développement une entrave. Les armes qu'elle a utilisées se retournent contre elle. Le résultat de son régime est une simplification extrême des oppositions de classe, qui se réduisent maintenant au simple antagonisme de la bourgeoisie et du prolétariat. La démonstration qui s'est appuyée uniquement sur l'histoire est convaincante. Nécessairement Marx doit présenter maintenant l'autre volet : le prolétariat.

Le plan adopté aura le même caractère. Marx juge inutile de se lamenter sur la condition des prolétaires : ses lecteurs la connaissent trop bien pour qu'il ait besoin de recourir à des artifices sentimentaux. Après une brève définition de l'ouvrier moderne qui ne retient que l'essentiel, la nécessité de se vendre pour pouvoir vivre et son ravalement au rang de marchandise, le texte aborde tout de suite le processus de la formation du prolétariat : la dégradation de la condition du producteur qui fait qu'il tombera un jour inéluctablement dans cette classe. Son origine fait que l'ouvrier moderne est en lutte contre la bourgeoisie dès sa naissance. Cette lutte passe par dif-

férentes phases qui sont commandées par le développement des forces productives et la puissance de
la classe dominante. C'est elle qui l'amène à se former en classe en concentrant toujours plus ses
moyens de production et en l'obligeant ainsi à élargir
la lutte individuelle en une lutte collective, puis organisée. Ainsi, au sein du règne de la bourgeoisie, se
forme la classe révolutionnaire qui y mettra fin, tout
comme la bourgeoisie s'était formée au sein de la féodalité.

Mais maintenant le prolétariat est la seule classe
révolutionnaire. Les restes des classes antérieures ne
peuvent représenter que la nostalgie d'un retour au
passé, tandis que ses conditions de vie elles-mêmes,
qui sont la négation de tout ce qui justifie la vie,
l'obligent à tenter de reconquérir des conditions
d'existence normales en renversant le régime de la
bourgeoisie. Il ne peut être que révolutionnaire, et
comme il est appelé à représenter l'immense majorité
de la société, il ne peut que vouloir la suppression de
tous les modes d'appropriation antérieurs. Son
émancipation signifiera l'émancipation de tous les
membres de la société.

En un dernier paragraphe brillant, Marx reprend
toute l'évolution qu'il a exposée et, en formules
brèves, montre la dialectique de l'histoire qui lie le
capital et le travail mais fait que la loi de développement de la bourgeoisie l'oblige à engendrer ses
propres fossoyeurs. La nécessité de la révolution
communiste résulte de toute l'histoire passée et elle
en est la conclusion logique.

Nous pourrions recommencer cette démonstration
à propos de chacune des Sections du *Manifeste*. Nous
ne pensons pas utile de le faire, car la lecture atten-
tive suffit pour révéler partout la même rigueur dans
la composition. La force convaincante ne réside pas
seulement dans le ton et l'élan qui inspire ces pages,
elle est tout autant dans l'enchaînement logique, où
n'intervient aucune considération subjective, où les
faits parlent d'eux-mêmes. Même s'il nous semble

nécessaire de considérer cet ouvrage comme le produit d'un effort collectif de mise au point, la rédaction nous oblige à y reconnaître la griffe personnelle
de Marx.

c) *L'œuvre*

Il est difficile de porter un jugement global sur une
œuvre aussi dense et aussi riche que le *Manifeste*.
Même s'il est signé de deux noms, il peut compter
parmi les grandes productions de Marx. On y retrouve les caractéristiques de sa pensée et de son
style. Il se situe à une période où ses conceptions ont
à peu près atteint leur stade d'élaboration définitive.
Il est au fond la première grande œuvre du marxisme.

C'est une œuvre écrite pour un public ouvrier et
Marx a su trouver le ton qui convenait à son public et
surtout le type de démonstration qui pouvait le
convaincre. Il est caractéristique qu'en dépit de son
objectif, amener le prolétariat à reconnaître la justesse et le bien-fondé des vues de Marx et d'Engels,
on n'y trouve aucun exposé proprement théorique.
Les principes qui en constituent l'ossature n'apparaissent nulle part sous une forme abstraite, difficilement accessible. Lorsque Marx donne sa définition
de l'histoire, qui contient en germe tout le matérialisme historique, il se borne à une phrase dont les
faits vont apporter la justification. Ce point de départ
une fois acquis, la suite se déroule comme une
démonstration qui tient souvent plus du récit que de
l'exposé théorique. La philosophie de Marx ne
s'exprime jamais par un exposé abstrait, mais elle est
partout présente. Un seul passage pourrait peut-être
rappeler la lutte théorique qu'il avait menée : c'est le
passage sur le socialisme « vrai », dans la Section III,
où apparaissent des notions comme « l'aliénation de
l'essence humaine, l'abolition du règne de l'Universel
abstrait ». Mais nous lisons ces lignes avec des yeux
d'hommes pour lesquels les controverses de l'époque
ont perdu tout intérêt, alors qu'elles étaient sans
doute présentes à l'esprit de ses lecteurs. Marx a fait

ici confiance au sens théorique de la classe ouvrière allemande à laquelle il pensait principalement. Ces expressions ne sont d'ailleurs données que pour montrer le ridicule de ces spéculations, et il n'est pas douteux que même pour un lecteur moyen ce ridicule est directement sensible.

Marx s'est attaché surtout à montrer le mouvement qui caractérise la marche de l'histoire. Même si Hegel l'avait conçue comme un progrès constant vers la liberté, cette notion de mouvement, c'est-à-dire, s'agissant de réalité humaine, de naissance et de dépérissement, ne s'était pas encore imposée. La représentation traditionnelle de l'immuabilité de l'ordre social l'emportait encore. On considérait volontiers le régime existant comme éternel, et aussi les idées qui constituaient le contenu de la conscience et qui ne sont, en fin de compte, que le produit des conditions sociales. Le *Manifeste* est une parfaite illustration de la dialectique matérialiste caractéristique du marxisme. La société est en continuelle évolution et l'on y voit parfaitement l'affrontement des contradictions dont l'antagonisme est le moteur. Si l'opposition oppresseurs-opprimés, classe dominante-classe dominée, rend compte du déroulement de l'histoire, elle passe elle-même par des phases variées. Le jeu des contraires a pour résultat le passage de la quantité à la qualité, le bond qualitatif que constitue la révolution, devenue inéluctable lorsque les formes de propriété sont devenues une entrave à l'essor des forces productives. Les causes mêmes qui ont assuré la constitution de la bourgeoisie et assuré sa domination politique deviennent dans une certaine phase de son existence celles qui vont entraîner sa perte.

Dans ce développement de la classe bourgeoise, Marx ne fait pas intervenir que des facteurs économiques. C'était peut-être un peu le défaut de l'exposé d'Engels dans les *Principes du communisme*. Sans doute les idées dominantes sont-elles celles de la classe dominante, mais on voit se constituer au fur et à mesure de la montée d'une classe une idéologie qui lui est propre et qui aide à sa prise de conscience. Cela a été le cas de la bourgeoisie lorsqu'elle s'est sentie assez forte pour représenter face à la féodalité les intérêts de l'ensemble des autres classes opprimées. Cette idéologie avait sa source profonde dans le pouvoir économique grandissant de la bourgeoisie, mais des éléments lui sont aussi venus d'une partie de la noblesse qui avait su s'élever au-dessus des idées de sa propre classe. Il en va de même du prolétariat, qui s'est constitué au sein du régime social bourgeois mais auquel la bourgeoisie a apporté des éléments de sa propre culture en l'entraînant dans sa propre bataille politique. Il y a donc une interaction constante des conditions matérielles et de la conscience et cet aspect du développement est nettement perceptible dans le *Manifeste*.

Un dernier point nous paraît devoir être souligné. On ne trouve pas dans cette œuvre de vues d'avenir. Marx ne fait pas de prospective, il ne dresse pas de tableau de la société future comme le faisaient les utopistes. Il n'y a là rien d'étonnant. Lorsque les conditions d'un changement social n'étaient pas réunies, les utopistes, qui avaient critiqué l'ordre existant, étaient obligés de construire en imagination ce que serait la société future. Marx a trouvé dans le mouvement communiste qui s'est développé dans le prolétariat du fait de la maturité des conditions objectives les forces qui étaient en mesure de faire accomplir un nouveau pas en avant à l'histoire. Dans ce sens le *Manifeste* est la théorisation du mouvement que Marx voyait s'accomplir sous ses yeux. Cela ne lui retire rien du mérite qu'il a eu de percevoir le premier sous une forme scientifique cette évolution et d'en tirer les conclusions nécessaires. D'ailleurs il n'a pas lieu de se soucier de ce que sera l'avenir. Il est arrivé à la conviction que l'étape à venir est le communisme et que le prolétariat a pour mission historique de faire entrer l'humanité dans cette phase nouvelle. Il n'est pas nécessaire qu'il berce la classe ouvrière de tableaux idylliques sur l'avenir; il faut essentiellement qu'il l'amène à prendre conscience qu'elle a son rôle à jouer et que la marche de la société l'amènera inéluctablement à le jouer. Sa démonstration n'avait qu'à s'appuyer sur les faits concrets tels qu'ils se présentaient et résultaient du passé. C'est dans ce sens qu'elle était scientifique.

Est-ce à dire que le *Manifeste* nous présente une pensée de Marx achevée? Nous y trouvons la rigueur qui sera celle de sa recherche proprement scientifique à l'époque du *Capital*. Mais à ce moment il aura découvert la plus-value, clef de sa théorie économique et aura élucidé le concept de travail. Il y verra aussi bien plus clair dans la marche du développement capitaliste. Dans le *Manifeste* il se laisse parfois entraîner par son souci de rigueur logique. C'est ainsi qu'à la fin de la Section I il reproche à la bourgeoisie d'être incapable de faire vivre la classe qu'elle exploite et voit dans l'extension du paupérisme une preuve de la fin imminente de la domination bourgeoise. Si l'on y réfléchit bien, il y a une contradiction entre cette affirmation et la dialectique du capital et du salariat. Si la bourgeoisie peut laisser dépérir une partie de la classe ouvrière parce qu'elle est en situation de crise, elle ne peut par essence laisser aller à l'extinction les prolétaires qui permettent précisément sa domination de classe. Ici un fait, le paupérisme, a été généralisé de façon sans doute trop hâtive et l'estimation de son importance a conduit Marx à une faute de raisonnement. Il n'a que trente ans quand il rédige le *Manifeste* et il est lui-même conscient qu'il a encore beaucoup à apprendre.

Le *Manifeste* s'impose aussi par sa forme. D'abord il est écrit dans une langue simple, accessible à tous. Les phrases sont courtes, parfaitement enchaînées, souvent percutantes. L'habileté de Marx à retourner les formules n'a pas disparu. Il s'est astreint à être d'une parfaite clarté, et cela entraîne parfois des répétitions de substantifs qu'il a préférés aux pronoms qui en auraient tenu lieu. Mais ces répétitions elles-mêmes créent une sorte de rythme lorsque la démonstration se fait plus insistante Marx n'a pas cédé aux effets oratoires qui lui auraient été faciles. Mais il est sensible qu'il a particulièrement soigné certains passages, notamment les conclusions de ses développements, dont il voulait qu'elles s'impriment dans l'esprit du lecteur. Cet élan, ce rythme, cette limpidité ont fait du *Manifeste* une grande œuvre littéraire.

Émile BOTTIGELLI

NOTE DU TRADUCTEUR
ET DE L'ÉDITEUR

Le texte de la présente édition est, contrairement à l'habitude qui reproduit celui de 1890, celui de 1848. Il n'est pas cependant celui de la première édition qui était pleine de fautes d'impression, mais celui de la deuxième, de la brochure de trente pages parue dans la même imprimerie la même année. Nous avons cependant donné en note de bas de page les variantes des éditions de 1872, 1883 et 1890. Nous avons également utilisé la traduction anglaise établie en 1888 par Samuel Moore et revue par Engels car elle peut éclairer certains passages. Nous avons renvoyé en bas de page à chacune de ces éditions et mentionné les dates [1872], [1883], [1888], [1890]. Les remarques et éclaircissements que nous avons jugés utiles sont reportés en fin de volume et annoncés dans le texte français par un chiffre entre crochets.

Il nous a paru également utile de faire suivre le texte lui-même par celui des préfaces signées de Marx et d'Engels ou d'Engels seul. Elles constituent en effet un ensemble qui éclaire non seulement l'action et la diffusion du *Manifeste* mais aussi l'histoire du mouvement ouvrier européen. On trouvera également en fin de volume les notes s'y rapportant.

[E.B.]

La traduction ci-après est pour l'essentiel celle réalisée par Émile Bottigelli pour les éditions Aubier-Montaigne (collection « Connaissance de Marx ») en 1971. Seules des corrections mineures y ont été apportées. Ayant suivi les cours d'Émile Bottigelli à Nanterre, j'ai considéré comme un honneur et comme un devoir de rester fidèle à son travail et de ne pas devoir refaire, comme l'imposent parfois des contraintes purement commerciales, une traduction remarquable. Pour la présente édition les notes ont été cependant revues et augmentées, ainsi que les annexes, afin que le lecteur dispose dans une édition maniable des informations essentielles apportées depuis 1971 par les travaux philologiques sur le *Manifeste*.

[G.R.]

Manifest

der

Kommunistischen Partei.

Veröffentlicht im Februar 1848.

Proletarier aller Länder vereinigt Euch!

London.
Gedruckt in der Office der „Bildungs-Gesellschaft für Arbeiter"
von J. E. Burghard.
46, LIVERPOOL STREET, BISHOPSGATE.

MANIFESTE
DU PARTI COMMUNISTE

Un spectre hante l'Europe — le spectre du communisme[1]. Toutes les puissances de la vieille Europe ont conclu une alliance sacrée pour traquer ce spectre[2] : le pape[3] et le tsar[4], Metternich et Guizot[5], les radicaux de France[6] et les policiers d'Allemagne[7].

Où est le parti d'opposition que ses adversaires au pouvoir n'aient dénigré en le qualifiant de communiste, où est le parti d'opposition qui n'ait à son tour jeté à la face des hommes plus avancés de l'opposition tout comme à ses adversaires réactionnaires, le reproche infamant de communisme?

De ce fait se dégagent deux conclusions.

Toutes les puissances européennes reconnaissent dès maintenant le communisme comme une puissance.

Il est grand temps que les communistes exposent ouvertement à la face du monde entier leur manière de voir, leurs buts et leurs tendances et opposent aux légendes[1] du spectre communiste un manifeste du parti lui-même.

A cette fin des communistes appartenant aux nations les plus diverses se sont réunis à Londres[8] et ont tracé les grandes lignes du manifeste que voici et qui est publié en anglais, en français, en allemand, en italien, en flamand et en danois.

---

1. *(1872, 1883, 1890)* : à la légende.

I

BOURGEOIS ET PROLÉTAIRES*

L'histoire de toute société jusqu'à nos jours** est l'histoire de luttes de classes[9].

Homme libre et esclave, patricien et plébéien, baron et serf, maître d'un corps de métier et compagnon, bref, oppresseurs et opprimés ont été en opposition constante, ils ont mené une lutte ininterrompue, tantôt cachée, tantôt ouverte, lutte qui chaque

---

* On entend par bourgeoisie la classe des capitalistes modernes qui sont propriétaires des moyens sociaux de production et emploient du travail salarié. On entend par prolétaires la classe des ouvriers salariés modernes qui, ne possédant en propre aucun moyen de production, en sont réduits à vendre leur force de travail pour pouvoir vivre *(1888)*.

** C'est-à-dire [*1890* : pour être précis], l'histoire transmise *par les textes*. En 1847, la préhistoire de la société, l'organisation sociale qui a précédé toute histoire fixée par écrit était encore autant dire inconnue. Depuis, Haxthausen a découvert la propriété en commun du sol en Russie, Maurer a démontré qu'elle était la base sociale d'où sont issues historiquement toutes les tribus germaniques et peu à peu on a trouvé que des communes rurales avec possession en commun de la terre étaient la forme primitive de la société des Indes jusqu'à l'Irlande. En fin de compte, l'organisation interne de cette société communiste primitive a été mise à nu dans sa forme typique lorsque Morgan, couronnant l'édifice, a découvert la nature vraie de la *gens* et son rapport avec la tribu. C'est avec la décomposition de ces communautés primitives que commence la scission de la société en classes particulières et finalement opposées *(1888 et 1890)*. J'ai essayé de retracer ce processus de décomposition dans *L'Origine de la Famille, de la propriété privée et de l'État*, 2e éd. Stuttgart, 1866 *(1888)*.

fois s'est terminée par une transformation révolution-naire de la société tout entière ou par la ruine com-mune des classes en lutte.

Aux époques antérieures de l'histoire, nous trou-vons presque partout toute une organisation de la société en ordres divers, une hiérarchie complexe des conditions sociales. Dans la Rome antique, nous avons des patriciens, des chevaliers, des plébéiens, des esclaves ; au Moyen Age des seigneurs féodaux, des vassaux, des maîtres de corps de métier, des com-pagnons, des serfs et en outre, dans presque chacune de ces classes à leur tour, des hiérarchies parti-culières.

La société bourgeoise moderne, issue de la ruine de la société féodale, n'a pas aboli les oppositions de classes. Elle n'a fait que substituer aux anciennes des classes nouvelles, des conditions d'oppression nou-velles, de nouvelles formes de lutte.

Notre époque, l'époque de la bourgeoisie, a cepen-dant pour signe distinctif qu'elle a simplifié les oppo-sitions de classes. La société entière se scinde de plus en plus en deux grands camps hostiles, en deux gran-des classes qui se font directement face : la bourgeoi-sie et le prolétariat.

Des serfs du Moyen Age sont issus les bourgeois hors les murs[10] des premières villes ; de ces citoyens habitant en dehors des enceintes sont sortis les pre-miers éléments de la bourgeoisie.

La découverte de l'Amérique, le tour du cap de Bonne-Espérance ont ouvert à la bourgeoisie mon-tante un champ d'action nouveau. Les marchés des Indes Orientales et de la Chine, la colonisation de l'Amérique, le commerce avec les colonies, l'accrois-sement des moyens d'échange et des marchandises en général ont donné au négoce, à la navigation, à l'industrie un essor qu'ils n'avaient jamais connu et entraîné du même coup le développement rapide de l'élément révolutionnaire dans la société féodale chancelante.

La manière féodale ou corporative dont avait

jusqu'alors fonctionné l'industrie ne suffisait plus à couvrir les besoins qui croissaient à mesure que s'ouvraient les[1] marchés nouveaux. La manufacture s'y substitua. Le maître des corps de métier fut supplanté par la classe moyenne industrielle; la division du travail entre les différentes corporations céda la place à la division du travail au sein des divers ateliers.

Mais les marchés grandissaient toujours, les besoins continuaient à s'accroître. La manufacture à son tour ne suffit plus. Alors la vapeur et les machines révolutionnèrent la production industrielle. A la manufacture se substitua la grande industrie moderne, à la classe moyenne industrielle se substituèrent les millionnaires de l'industrie, les chefs d'armées industrielles entières, les bourgeois modernes.

La grande industrie a créé le marché mondial, préparé par la découverte de l'Amérique. Le marché mondial a donné un immense développement au commerce, à la navigation, aux communications terrestres. Ce développement a réagi à son tour sur l'extension de l'industrie et à mesure que l'industrie, le commerce, la navigation et les chemins de fer prenaient de l'extension, la bourgeoisie se développait, elle accroissait ses capitaux, elle rejetait à l'arrière-plan toutes les classes héritées du Moyen Age.

Nous voyons donc que la bourgeoisie moderne est elle-même le produit d'un long processus de développement, d'une série de bouleversements dans le mode de production et de circulation.

Chacun de ces stades de développement de la bourgeoisie s'accompagna d'un progrès politique correspondant[2]. Ordre opprimé lorsque régnaient les seigneurs féodaux, associations armées s'administrant elles-mêmes[3] dans la commune *, ici république

---

1. *(1890)* des.
2. *(1888)* de cette classe.
3. *(1883, 1888, 1890) l'expression est au singulier.*
* « Commune », c'est le nom que se donnèrent en France les villes naissantes même avant d'avoir pu arracher à leurs seigneurs

urbaine indépendante[1], là tiers ordre taillable de la monarchie[2], puis, à l'époque de la manufacture, contrepoids à la noblesse dans la monarchie appuyée sur les divers ordres ou absolue et[3] principale assise des grandes monarchies en général, la bourgeoisie s'est enfin arrogé depuis la création de la grande industrie et du marché mondial la suprématie politique exclusive dans l'État représentatif moderne. Les pouvoirs publics modernes ne sont qu'un comité qui administre les affaires communes de la classe bourgeoise tout entière.

La bourgeoisie a joué dans l'histoire un rôle hautement révolutionnaire.

Là où elle est arrivée au pouvoir, la bourgeoisie a détruit tous les rapports féodaux, patriarcaux, idylliques. Elle a impitoyablement déchiré la variété bariolée des liens féodaux qui unissaient l'homme à ses supérieurs naturels[11] et n'a laissé subsister d'autre lien entre l'homme et l'homme que l'intérêt tout nu, le dur « paiement comptant »[12]. Elle a noyé dans les eaux glacées du calcul égoïste les frissons sacrés de l'exaltation religieuse, de l'enthousiasme chevaleresque, de la mélancolie sentimentale des petits-bourgeois. Elle a dissous la dignité personnelle dans la valeur d'échange et substitué aux innombrables libertés reconnues par lettres patentes et chèrement acquises la *seule* liberté sans scrupule du commerce. En un mot, elle a substitué à l'exploitation que voilaient les illusions religieuses et politiques l'exploitation ouverte, cynique, directe et toute crue.

---

féodaux et maîtres au titre de « Tiers État » l'administration locale autonome et des droits politiques. D'une manière générale, nous avons cité ici l'Angleterre comme pays représentatif pour le développement économique de la bourgeoisie, la France pour son développement politique *(1888)*.

C'est ainsi que les citoyens des villes d'Italie et de France désignaient leur communauté urbaine après avoir acheté à leurs seigneurs féodaux les premiers droits à l'autonomie administrative ou les avoir contraints à les leur céder *(1890)*.

1. *(1888)* (comme en Italie et en Allemagne).
2. *(1888)* (comme en France).
3. *(1872, 1883, 1890)* et *supprimé*.

La bourgeoisie a dépouillé de leur auréole toutes les activités tenues jusqu'ici pour vénérables et considérées avec une piété mêlée de crainte. Elle a transformé le médecin, le juriste, le prêtre, le poète, l'homme de science, en salariés à ses gages.

La bourgeoisie a arraché aux relations familiales leur voile sentimental attendrissant et les a ramenées à un pur rapport d'argent.

La bourgeoisie a révélé comment la manifestation de la force brutale que la réaction admire tant dans le Moyen Age trouvait son complément approprié dans la fainéantise la plus crasse. Elle a été la première à montrer ce dont est capable l'activité des hommes. Elle a accompli de tout autres merveilles que les pyramides d'Égypte, les aqueducs romains et les cathédrales gothiques, elle a réalisé de tout autres expéditions que les grandes invasions et les croisades.

La bourgeoisie ne peut exister sans révolutionner en permanence les instruments de production, donc les conditions de la production, donc l'ensemble des rapports sociaux. Le maintien sans changement de l'ancien mode de production était au contraire la condition d'existence première de toutes les classes industrielles antérieures. Le bouleversement constant de la production, l'ébranlement incessant de toutes les conditions sociales, l'insécurité et l'agitation perpétuelles distinguent l'époque bourgeoise de toutes les époques antérieures[1]. Tous les rapports bien établis, figés par la rouille, avec leur cortège d'idées et de conceptions surannées et vénérables sont dissous; tous les rapports nouveaux tombent en désuétude avant d'avoir pu se scléroser. Toute hiérarchie sociale et tout ordre établi se volatilisent, tout ce qui est sacré est profané et les hommes sont enfin contraints de considérer d'un œil froid leur position dans la vie, leurs relations mutuelles.

Pressée par le besoin de débouchés toujours plus étendus pour ses produits, la bourgeoisie se répand

1. *(1890)* autres.

sur la terre entière. Il faut qu'elle s'implante partout, s'installe partout, établisse partout des relations.

Par l'[1]exploitation du marché mondial, la bourgeoisie a donné une tournure cosmopolite à la production et à la consommation de tous les pays. Au grand regret des réactionnaires, elle a sapé sous les pieds de l'industrie sa base nationale. Les antiques industries nationales ont été anéanties et continuent à l'être chaque jour. Elles sont évincées par des industries nouvelles, dont l'introduction devient une question de vie ou de mort pour toutes les nations civilisées, des industries qui ne transforment plus des matières premières du pays, mais des matières premières en provenance des zones les plus reculées et dont les produits sont consommés non seulement dans le pays même, mais dans toutes les parties du monde à la fois. Les anciens besoins que satisfaisaient les produits nationaux sont remplacés par des besoins nouveaux qui exigent pour leur satisfaction les produits des contrées et des climats les plus lointains. L'ancien isolement de localités et de nations qui se suffisaient à elles-mêmes fait place à des relations universelles, à une interdépendance universelle des nations. Et ce qui est vrai de la production matérielle l'est tout autant de la production intellectuelle. Les produits de l'esprit des diverses nations deviennent bien commun. L'exclusivisme et l'étroitesse nationaux deviennent de plus en plus impossibles, et de la multiplicité des littératures nationales et locales naît une littérature mondiale[13].

Grâce au perfectionnement rapide de tous les instruments de production, grâce aux communications rendues infiniment plus faciles, la bourgeoisie entraîne brutalement dans la civilisation toutes les nations, même les plus barbares. Le bon marché de ses marchandises est l'artillerie lourde avec laquelle elle abat toutes les murailles de Chine et contraint à capituler les barbares qui nourrissent la haine la plus

1. *(1872, 1883, 1890)* son.

opiniâtre de l'étranger. Elle oblige toutes les nations à faire leur, si elles ne veulent pas disparaître, le mode de production de la bourgeoisie; elle les contraint à introduire chez elles ce qu'elle appelle la civilisation, c'est-à-dire à devenir bourgeoises. En un mot, elle se crée un monde à son image.

La bourgeoisie a soumis la campagne à la domination de la ville. Elle a créé des villes énormes, elle a considérablement augmenté la population urbaine par rapport à celle des campagnes et arraché ainsi une part importante de la population à l'abêtissement de la vie rurale. Tout comme elle a assujetti la campagne à la ville, elle a rendu les pays barbares ou à demi barbares dépendants des pays civilisés, les peuples paysans dépendants des peuples bourgeois, l'Orient de l'Occident.

La bourgeoisie supprime de plus en plus l'éparpillement des moyens de production, de la propriété et de la population. Elle a aggloméré la population, centralisé les moyens de production et concentré la propriété en un petit nombre de mains. La conséquence nécessaire a été la centralisation politique. Des provinces indépendantes, tout juste liées par des alliances, ayant des intérêts, des lois, des gouvernements et des systèmes douaniers différents, ont été concentrées en une nation *unique*, avec un gouvernement *unique*, une législation *unique*, un *seul* intérêt national de classe, une *seule* frontière douanière[14].

Dans le cadre de sa domination de classe à peine centenaire, la bourgeoisie a créé des forces de production plus massives et plus colossales que toutes les générations passées prises ensemble. Soumission à l'homme des forces de la nature, machinisme, application de la chimie à l'industrie et à l'agriculture, navigation à vapeur, chemins de fer, télégraphes électriques, défrichement de continents entiers, régularisation des fleuves, populations entières jaillies du sol, quel est le siècle passé qui soupçonnait que de telles forces de production sommeillaient au sein du travail social?

Or[1], nous l'avons vu : les moyens de production et d'échange sur la base desquels la bourgeoisie a commencé à s'édifier ont été produits au sein de la société féodale. A un certain stade de développement de ces moyens de production et d'échange, les conditions dans lesquelles la société féodale produisait et échangeait, l'organisation féodale de l'agriculture et de la manufacture, en un mot les rapports de propriété féodaux ne correspondaient plus aux forces productives déjà développées. Ils paralysaient la production au lieu de la faire progresser. Ils se transformèrent en autant d'entraves. Il fallait les faire sauter, on les fit sauter.

Ils furent remplacés par la libre concurrence avec l'organisation sociale et politique appropriée, avec la suprématie économique et politique de la classe bourgeoise.

Nous voyons s'opérer sous nos yeux un mouvement analogue. Les conditions bourgeoises de production et d'échange, les rapports bourgeois de propriété, la société bourgeoise moderne qui a fait jaillir comme par enchantement des moyens de production et d'échange aussi prodigieux ressemble au sorcier qui n'est plus capable de maîtriser les puissances infernales qu'il a invoquées. Depuis des dizaines d'années, l'histoire de l'industrie et du commerce n'est plus[2] que l'histoire de la révolte des forces productives modernes contre les rapports modernes de production, contre les rapports de propriété qui conditionnent l'existence de la bourgeoisie et de sa suprématie. Il suffit de citer les crises commerciales qui, revenant périodiquement, remettent en question et menacent de plus en plus l'existence de la société bourgeoise tout entière. Chaque crise anéantit régulièrement une grande partie non seulement des produits existants, mais même[3] des forces productives

1. *(1872, 1883, 1890)* donc.
2. *(1872, 1883, 1890)* n'est que.
3. *(1872, 1883, 1890)* même *supprimé*.

déjà créées. Avec les crises éclate une épidémie
sociale qui serait apparue à toutes les époques antérieures comme une absurdité : l'épidémie de la surproduction. La société se trouve brusquement rame-
née à un état de barbarie momentanée; on dirait
qu'une famine, une guerre générale d'anéantissement
lui ont coupé tous les moyens de subsistance :
l'industrie, le commerce semblent anéantis, et pourquoi ? Parce qu'elle possède trop de civilisation, trop
de moyens de subsistance, trop d'industrie, trop de
commerce. Les forces productives dont elle dispose
ne servent plus à faire progresser la civilisation bourgeoise et[1] les rapports de propriété bourgeois; au
contraire, elles sont devenues trop puissantes pour
ces rapports, elles sont entravées par eux; et dès
qu'elles surmontent cet obstacle, elles désorganisent
toute la société bourgeoise, elles mettent l'existence
de la propriété bourgeoise en péril. Les conditions
bourgeoises sont devenues trop étroites pour contenir
la richesse qu'elles ont produite. — Par quel moyen
la bourgeoisie surmonte-t-elle les crises ? D'une part
en imposant la destruction d'une masse de forces
productives; d'autre part en conquérant de nouveaux
marchés et en exploitant plus à fond les anciens[2]. Par
quel moyen donc ? En ouvrant la voie à des crises
plus étendues et plus violentes et en diminuant les
moyens de les prévenir.

Les armes dont la bourgeoisie s'est servie pour
abattre la féodalité se tournent maintenant contre la
bourgeoisie elle-même.

Mais la bourgeoisie n'a pas seulement forgé les
armes qui lui apportent la mort; elle a aussi engendré
les hommes qui porteront ces armes — les ouvriers
modernes, les *prolétaires*[15].

Dans la mesure même où se développe la bour-

---

1. *(1872, 1883, 1890) ces quatre derniers mots sont omis.*
2. *(1883, 1890)* d'anciens marchés.

geoisie, c'est-à-dire le capital, se développe le prolétariat, la classe des ouvriers modernes qui ne vivent
que tant qu'ils trouvent du travail et qui n'en
trouvent que tant que leur travail augmente le capital. Ces ouvriers, obligés de se vendre par portions
successives, sont une marchandise comme tout autre
article du commerce et sont donc exposés de la
même manière à tous les aléas de la concurrence, à
toutes les fluctuations du marché.

L'extension du machinisme et la division du travail
ont fait perdre au travail des prolétaires tout caractère
indépendant et par suite tout attrait pour l'ouvrier[1].
Celui-ci n'est plus qu'un accessoire de la machine et
l'on n'exige de lui que le geste le plus simple, le plus
monotone, le plus facile à apprendre. Les frais
qu'occasionne l'ouvrier se limitent donc à peu près
uniquement aux moyens de subsistance dont il a
besoin pour son entretien et la reproduction de sa
race. Or le prix d'une marchandise, donc aussi du
travail[16] est égal à ses frais de production. En conséquence, à mesure que le travail devient plus répu-
gnant, le salaire baisse. Plus encore, à mesure que
s'accroissent le machinisme et la division du travail,
la masse du travail[2] grandit aussi, soit par l'aug-
mentation des heures de travail, soit par l'augmenta-
tion du travail exigé dans un temps donné, par l'accé-
lération de la marche des machines, etc.

L'industrie moderne a transformé le petit atelier
du maître-artisan patriarcal en la grande usine du
capitaliste industriel. Des masses d'ouvriers, concentrées dans la fabrique, sont organisées militairement.
Simples soldats de l'industrie, ils sont placés sous la
surveillance d'une hiérarchie complète de sous-offi-
ciers et d'officiers. Ils ne sont pas seulement des
esclaves de la classe bourgeoise, de l'État bourgeois,

---

1. *(1872, 1883, 1890)* les ouvriers.
2. *(1888)* le fardeau du travail.

ils sont chaque jour et à chaque heure asservis par la machine, par le surveillant, et avant tout par le fabricant bourgeois individuel lui-même. Ce despotisme est d'autant plus mesquin, odieux, exaspérant qu'il proclame plus ouvertement le profit comme sa fin ultime[1].

Moins le travail manuel exige d'habileté et de force, c'est-à-dire plus l'industrie moderne se développe, plus le travail des hommes est supplanté par celui des femmes[17]. Les différences de sexe et d'âge n'ont plus aucune valeur sociale pour la classe ouvrière. Il n'y a plus que des instruments de travail dont le coût diffère selon l'âge et le sexe.

Une fois terminée son exploitation par le fabricant, en ce sens qu'on lui a compté son salaire, l'ouvrier voit fondre sur lui les autres membres de la bourgeoisie, le propriétaire, le boutiquier, le prêteur sur gages, etc.

Les anciennes petites classes moyennes, petits industriels, petits commerçants, petits rentiers, artisans et paysans, toutes ces classes tombent dans le prolétariat, soit que leur petit capital ne suffit pas pour pratiquer la grande industrie et succombe à la concurrence des capitalistes mieux pourvus, soit que leur habileté soit dépréciée par des méthodes de production nouvelles. Aussi le prolétariat se recrute-t-il dans toutes les classes de la population.

Le prolétariat passe par diverses étapes de développement. Sa lutte contre la bourgeoisie commence avec son existence même.

Au début, la lutte est engagée par les ouvriers isolés, puis par les ouvriers d'une usine, puis par les ouvriers d'une branche d'activité dans une localité, contre le bourgeois individuel qui les exploite directement. Ils dirigent leurs attaques non seulement

1. *(1890)* sa fin.

contre les rapports bourgeois de production, ils les dirigent contre les instruments de production eux-mêmes ; ils détruisent les marchandises étrangères qui leur font concurrence, ils brisent les machines, ils mettent le feu aux usines, ils cherchent à se[1] reconquérir la position disparue de l'ouvrier du Moyen Age.

A ce stade, les ouvriers constituent une masse disséminée à travers tout le pays et émiettée par la concurrence. S'il leur arrive de former une masse cohérente, ce n'est pas encore là le résultat de leur propre union, mais de celle de la bourgeoisie qui, pour atteindre ses fins politiques propres, doit mobiliser le prolétariat tout entier et est encore pour un temps capable de le faire. A ce stade, les prolétaires ne combattent donc pas leurs propres ennemis, mais les ennemis de leurs ennemis, les restes de la monarchie absolue, les propriétaires fonciers, les bourgeois qui ne pratiquent pas l'industrie, les petits-bourgeois. De la sorte, tout le mouvement historique est concentré entre les mains de la bourgeoisie ; chaque victoire remportée dans ces conditions est une victoire de la bourgeoisie.

Mais avec le développement de l'industrie, le prolétariat ne fait pas que s'accroître ; il est concentré en masses plus considérables, sa force grandit et il en prend plus conscience. Les intérêts, les conditions d'existence au sein du prolétariat tendent à devenir les mêmes à mesure que les machines effacent de plus en plus les différences dans le travail et réduisent presque partout le salaire à un niveau également bas. La concurrence croissante des bourgeois entre eux et les crises commerciales qui en résultent rendent de plus en plus instable le salaire des ouvriers ; le perfectionnement constant et de plus en plus rapide des machines rend toute leur situation de plus en plus précaire ; les conflits individuels entre ouvriers et

1. *Ce « se » seulement dans l'édition de 1848.*

bourgeois revêtent de plus en plus le caractère de conflits entre deux classes. Les ouvriers commencent par former des coalitions[1] contre les bourgeois; ils s'associent pour défendre leur salaire. Ils fondent même des associations permanentes pour être pourvus en cas de révoltes éventuelles. Par endroits, la lutte éclate en émeutes.

Il arrive que les ouvriers l'emportent, mais ce n'est qu'une victoire passagère. Le résultat véritable de leurs luttes n'est pas le succès immédiat, mais l'expansion grandissante de leur union. Elle est stimulée par la croissance des moyens de communications que crée la grande industrie et qui permettent aux ouvriers des différentes localités d'entrer en contact. Or il suffit de cette liaison pour centraliser les multiples luttes locales ayant partout le même caractère en une lutte nationale, en une lutte de classes. Cependant, toute lutte de classes est une lutte politique. Et l'union qui a demandé des siècles aux bourgeois du Moyen Age avec leurs chemins vicinaux, les prolétaires modernes la réalisent en quelques années grâce aux chemins de fer.

Cette organisation des prolétaires en classe, et par suite en parti politique, la concurrence entre les ouvriers eux-mêmes la détruit à chaque instant. Mais elle ne cesse de renaître, plus forte, plus solide, plus puissante. Utilisant les divisions internes de la bourgeoisie, elle impose la reconnaissance légale de certains intérêts des ouvriers. Ainsi le bill des dix heures en Angleterre[18].

Les conflits de la vieille société en général font progresser de bien des manières le développement du prolétariat. La bourgeoisie se trouve engagée dans une lutte continuelle : contre l'aristocratie au début; plus tard contre les éléments de la bourgeoisie elle-

---

1. *(1888) ajouté entre parenthèses* (Trades' Unions).

même dont les intérêts entrent en contradiction avec les progrès de l'industrie; en permanence contre la bourgeoisie de tous les pays étrangers. Dans toutes ces luttes, elle se voit obligée de faire appel au prolétariat, d'avoir recours à son aide et de l'entraîner ainsi dans le mouvement politique. Elle procure donc elle-même au prolétariat les linéaments de sa propre culture [1], c'est-à-dire des armes contre elle-même.

En outre, nous l'avons vu, le progrès de l'industrie précipite dans le prolétariat des portions entières de la classe dominante, ou du moins menace leurs conditions de vie. Elles aussi apportent au prolétariat une masse d'éléments formateurs [2].

Enfin, en des temps où la lutte de classes approche de la crise décisive, le processus de désagrégation au sein de la classe dominante, au sein de toute l'ancienne société revêt un caractère si violent, si cru, qu'une petite partie de la classe dominante se désolidarise d'elle et rejoint la classe révolutionnaire, la classe qui porte en ses mains l'avenir. Donc, tout comme jadis une partie de la noblesse a passé à la bourgeoisie, une partie de la bourgeoisie passe maintenant au prolétariat, et en particulier une partie des idéologues bourgeois qui se sont haussés jusqu'à l'intelligence théorique de l'ensemble du mouvement historique.

De toutes les classes qui, aujourd'hui, font face à la bourgeoisie, seul le prolétariat est une classe réellement révolutionnaire. Les autres périclitent et sombrent avec la grande industrie, le prolétariat en est le produit le plus spécifique.

Les classes moyennes, le petit industriel, le petit commerçant, l'artisan, le paysan, tous combattent la bourgeoisie pour sauver de la ruine leur existence de classes moyennes. Elles ne sont donc pas révolution-

1. *(1888)* ses propres éléments d'éducation politique et générale.
2. *(1888)* des éléments d'éclaircissement et de progrès.

naires mais conservatrices. Plus encore, elles sont réactionnaires, car[1] elles cherchent à faire tourner à l'envers la roue de l'histoire. Si elles sont révolutionnaires, elles le sont en considération de leur passage imminent au prolétariat, elles ne défendent pas leurs intérêts actuels, mais leurs intérêts futurs, elles abandonnent leur propre point de vue pour se placer à celui du prolétariat.

Quant au prolétariat en haillons, ce pourrissement passif des couches les plus basses de la vieille société, une révolution prolétarienne pourra le précipiter çà et là dans le mouvement, mais toutes ses conditions d'existence font qu'il sera plus disposé à se laisser acheter pour des machinations réactionnaires.

Les conditions de vie de la vieille société sont déjà anéanties dans les conditions de vie du prolétariat. Le prolétaire ne possède rien ; ses rapports avec femme et enfants n'ont plus rien de commun avec les rapports familiaux bourgeois ; le travail industriel moderne, l'asservissement moderne au capital, semblable en Angleterre et en France, en Amérique et en Allemagne, l'a dépouillé de tout caractère national. Les lois, la morale, la religion sont pour lui tout autant de préjugés bourgeois, derrière lesquels se cachent tout autant d'intérêts bourgeois.

Toutes les classes qui dans le passé ont conquis l'hégémonie s'efforçaient d'assurer une situation sociale déjà acquise en soumettant la société entière à leur propre mode d'appropriation[19]. Les prolétaires ne peuvent s'emparer des forces sociales de production qu'en abolissant le mode d'appropriation qui a été le leur jusqu'à présent et, par voie de conséquence, le mode d'appropriation antérieur dans son ensemble. Les prolétaires n'ont rien à sauvegarder qui leur appartienne, ils ont à détruire tout ce qui, jusqu'ici, était garantie[2] et assurances de la propriété privée.

1. *(1890) manque.*
2. *(1890) au pluriel.*

Tous les mouvements du passé étaient des mouvements de minorités ou dans l'intérêt de minorités. Le mouvement du prolétariat est le mouvement autonome de l'immense majorité dans l'intérêt de l'immense majorité. Le prolétariat, couche la plus basse de la société actuelle, ne peut se redresser, se mettre debout sans faire voler en éclats toute la superstructure des couches qui constituent la société officielle.

Bien qu'elle ne le soit pas dans son contenu, la lutte du prolétariat contre la bourgeoisie est, par sa forme, d'abord une lutte nationale. Le prolétariat de chaque pays doit naturellement en finir d'abord avec sa propre bourgeoisie.

En retraçant les phases les plus générales du développement du prolétariat, nous avons suivi la guerre civile plus ou moins larvée dans le sein de la société existante jusqu'au point où elle éclate en une révolution ouverte et où le prolétariat fonde sa domination en renversant par la violence la bourgeoisie.

Toute société jusqu'à nos jours reposait, nous l'avons vu, sur l'opposition entre classes d'oppresseurs et classes opprimées. Mais pour pouvoir opprimer une classe, il faut lui assurer des conditions au sein desquelles elle puisse au moins subvenir à son existence asservie. Sous le régime du servage, le serf s'est haussé au rang de membre de la commune tout comme sous le joug de l'absolutisme féodal le petit bourgeois a accédé à la bourgeoisie. L'ouvrier moderne au contraire, au lieu de s'élever avec le progrès de l'industrie, tombe de plus en plus au-dessous des conditions de sa propre classe. L'ouvrier se transforme en indigent et le paupérisme se développe encore plus vite que la population et la richesse. Cela révèle au grand jour que la bourgeoisie est incapable de demeurer plus longtemps la classe dominante de la société et de lui imposer comme règle impérative les conditions d'existence de sa classe. Elle est incapable de régner, car elle est incapable d'assurer l'existence de son esclave même au sein de son esclavage, car elle est contrainte de le laisser déchoir à un point où elle doit le nourrir au lieu qu'il la nourrisse. La société ne peut plus vivre sous son régime, autrement dit l'existence de la bourgeoisie n'est plus compatible avec la société.

La condition la plus[1] essentielle de l'existence et de la domination de la classe bourgeoise est l'accumulation de la richesse entre les mains de particuliers, la formation et l'accroissement du capital; la condition du capital est le salariat. Le salariat repose exclusivement sur la concurrence des ouvriers entre eux. Le progrès de l'industrie, dont la bourgeoisie est l'agent veule et sans résistance, substitue à l'isolement des ouvriers par la concurrence leur union révolutionnaire par l'association. Le développement de la grande industrie sape donc sous les pieds de la bourgeoisie la base même sur laquelle elle produit et s'approprie les produits. La bourgeoisie produit avant tout ses propres fossoyeurs[2]. Sa chute et la victoire du prolétariat sont également inéluctables.

1. *(1890)* « la plus » *manque.*
2. *(1883-1890)* son propre fossoyeur.

II
PROLÉTAIRES ET COMMUNISTES

Quels sont les rapports des communistes avec les prolétaires en général?

Les communistes ne constituent pas un parti particulier en face des autres partis ouvriers.

Ils n'ont pas d'intérêts séparés de ceux du prolétariat tout entier.

Ils ne posent pas de principes particuliers [1] selon lesquels ils veulent modeler son mouvement.

Les communistes ne se distinguent des autres partis prolétariens que sur deux points : d'une part, dans les diverses luttes nationales des prolétaires, ils mettent en évidence et font valoir les intérêts communs à l'ensemble du prolétariat et indépendants de la nationalité; d'autre part, aux divers stades de développement que traverse la lutte entre prolétariat et bourgeoisie, ils représentent toujours l'intérêt de l'ensemble du mouvement.

Les communistes sont donc dans la pratique la partie la plus résolue des partis ouvriers de tous les pays, celle qui ne cesse d'entraîner les autres; sur le plan de la théorie, ils ont sur le reste de la masse du prolétariat l'avantage de comprendre clairement les conditions, la marche et les résultats généraux du mouvement prolétarien[20].

---

1. *(1888)* sectaires.

Le but immédiat des communistes est le même que celui de tous les autres partis prolétariens[21] : constitution du prolétariat en classe, renversement de la domination de la bourgeoisie, conquête du pouvoir politique par le prolétariat.

Les propositions théoriques des communistes ne reposent nullement sur des idées, sur des principes inventés ou découverts par tel ou tel utopiste.

Elles ne sont que l'expression générale de rapports effectifs d'une lutte de classes qui existe, d'un mouvement historique qui s'opère sous nos yeux. L'abolition de rapports de propriété antérieurs n'est pas quelque chose qui caractérise en propre le communisme

Tous les rapports de propriété ont subi dans l'histoire un changement constant, une transformation continuelle.

La Révolution française par exemple a aboli la propriété féodale au profit de la propriété bourgeoise.

Ce qui distingue le communisme, ce n'est pas l'abolition de la propriété en général, mais l'abolition de la propriété bourgeoise.

Or la propriété privée bourgeoise moderne est l'expression dernière et la plus achevée de la production et de l'appropriation des produits reposant sur des oppositions de classes, sur l'exploitation des uns par les autres[1].

En ce sens, les communistes peuvent résumer leur théorie en cette seule expression : abolition de la propriété privée.

On nous a reproché, à nous communistes, de vouloir abolir la propriété personnellement acquise, fruit du travail individuel, la propriété qui, dit-on, constitue le fondement de toute liberté, de toute activité et de toute indépendance personnelles.

La propriété fruit du travail, de l'effort, du mérite personnel ! Veut-on parler de la propriété du petit-

---

1. *(1888)* exploitation de la majorité par la minorité.

bourgeois, du petit paysan qui a précédé la propriété bourgeoise? Nous n'avons que faire de l'abolir, le développement de l'industrie s'en est chargé et s'en charge encore chaque jour.

Ou bien veut-on parler de la propriété privée bourgeoise moderne?

Mais le travail salarié, le travail du prolétaire crée-t-il pour lui de la propriété? Nullement. Il crée le capital, c'est-à-dire la propriété qui exploite le travail salarié et ne peut se développer qu'à la condition de créer encore et encore du travail salarié pour l'exploiter de nouveau. Sous sa forme actuelle, la propriété privée a pour base l'opposition du capital et du travail salarié. Examinons les deux termes de cette opposition.

Être capitaliste ne signifie pas seulement occuper une position purement personnelle dans la production, mais une position sociale. Le capital est un produit collectif et ne peut être mis en mouvement que par une activité commune de nombreux membres de la société, voire en dernière analyse que par l'activité commune de tous les membres de la société.

Le capital n'est donc pas une puissance personnelle, il est une puissance sociale.

Si donc le capital est transformé en une puissance collective, appartenant à tous les membres de la société, ce n'est pas une propriété personnelle qui se transforme en propriété sociale. C'est seulement le caractère social de la propriété qui se transforme. Il perd son caractère de classe.

Venons-en au travail salarié.

Le prix moyen du travail salarié est le minimum du salaire, c'est-à-dire la somme des moyens de subsistance nécessaires pour maintenir en vie l'ouvrier en tant qu'ouvrier. Ce que l'ouvrier salarié s'approprie donc par son activité est tout juste suffisant pour reproduire sa pure et simple existence. Nous ne voulons nullement abolir cette appropriation personnelle des produits du travail nécessaires à la reproduction de la vie quotidienne, une appropriation qui ne laisse aucun profit net susceptible de conférer un pouvoir sur le travail d'autrui. Nous voulons seulement abolir le caractère pitoyable de cette appropriation qui fait que l'ouvrier ne vit que pour accroître le capital et ne vit qu'autant que l'exige l'intérêt de la classe dominante.

Dans la société bourgeoise, le travail vivant n'est qu'un moyen d'accroître le travail accumulé. Dans la société communiste, le travail accumulé n'est qu'un moyen pour élargir, enrichir, faire progresser la vie des ouvriers.

Dans la société bourgeoise le passé règne donc sur le présent, dans la société communiste, le présent règne sur le passé. Dans la société bourgeoise, le capital possède une indépendance et un caractère personnel tandis que l'individu actif n'a ni indépendance ni personnalité.

Et c'est l'abolition de cette situation que la bourgeoisie appelle l'abolition de la personnalité et de la liberté ! Elle a raison. Il s'agit en effet d'abolir la personnalité, l'indépendance et la liberté bourgeoises.

Par liberté, on entend dans le cadre des actuels rapports de production bourgeois la liberté du commerce, la liberté d'acheter et de vendre.

Mais si le trafic disparaît, la liberté de trafiquer disparaît aussi. Les discours ronflants sur la liberté de trafiquer, comme toutes les autres forfanteries de notre bourgeoisie sur la liberté, n'ont somme toute de sens que par opposition au trafic entravé, au bourgeois asservi du Moyen Age ; ils n'en ont plus vis-à-vis de l'abolition par les communistes du trafic, des rapports de production bourgeois et de la bourgeoisie elle-même.

Vous vous indignez que nous voulions abolir la propriété privée. Mais dans votre société actuelle, la propriété privée est abolie pour les neuf dixièmes de ses membres ; si elle existe, c'est précisément qu'elle n'existe pas pour neuf dixièmes. Vous nous reprochez donc de vouloir abolir une propriété qui suppose comme condition nécessaire l'absence de propriété pour l'immense majorité de la société.

En bref, vous nous reprochez de vouloir supprimer votre propriété. De fait, c'est bien ce que nous voulons.

Dès l'instant où le travail ne peut plus être transformé en capital, en argent, en rente foncière, bref en une puissance sociale susceptible d'être monopolisée, en d'autres termes dès l'instant où la propriété personnelle ne peut plus se convertir en propriété bourgeoise, dès cet instant vous déclarez que ce serait la disparition de la personne.

Vous avouez donc que par personne vous n'entendez rien d'autre que le bourgeois, le propriétaire bourgeois. Or, cette personne-là, il faut assurément la supprimer.

Le communisme n'ôte à personne le pouvoir de s'approprier des produits sociaux, il n'ôte que le pouvoir de s'assujettir le travail d'autrui grâce à cette appropriation.

On a objecté que l'abolition de la propriété privée signifierait la cessation de toute activité et l'instauration d'une paresse générale.

S'il en était ainsi, la société bourgeoise devrait avoir depuis longtemps péri de paresse ; car dans cette société ceux qui *travaillent* ne gagnent pas et ceux qui *gagnent* ne travaillent pas. Toute cette objection aboutit à cette tautologie qu'il n'y a plus de travail salarié dès qu'il n'y a plus de capital.

Tous les arguments invoqués contre le mode communiste d'appropriation et de production des produits matériels ont été également étendus à l'appropriation et à la production des produits de l'esprit. Tout comme, pour le bourgeois, la fin de la propriété de classe signifie la fin de la production elle-même, la fin de la culture de classe s'identifie à ses yeux avec la fin de toute culture.

La culture dont il déplore la perte est pour

l'immense majorité un dressage qui en fait des machines.

Mais ne chicanez pas avec nous en mesurant l'abolition de la propriété bourgeoise à l'aune de vos idées bourgeoises de liberté, de culture, de droit, etc. Vos idées elles-mêmes sont des produits des rapports bourgeois de production et de propriété, comme votre droit n'est que la volonté de votre classe érigée en loi, volonté dont le contenu est donné dans les conditions matérielles d'existence de votre classe.

La conception intéressée qui vous fait transformer en lois éternelles de la nature et de la raison vos rapports de production et de propriété alors qu'ils sont historiques et que le cours de la production les rend caducs, vous la partagez avec toutes les classes dominantes disparues. Ce que vous comprenez pour la propriété antique, ce que vous comprenez pour la propriété féodale, il semble que vous ne puissiez le concevoir pour la propriété bourgeoise.

Abolition de la famille! Même les radicaux les plus avancés s'indignent de cet infâme dessein des communistes.

Quelle est la base de la famille actuelle, de la famille bourgeoise? Le capital, le gain individuel. Pleinement développée, elle n'existe que pour la bourgeoisie; mais elle a pour contrepartie la privation de famille imposée aux prolétaires et la prostitution publique.

La famille du bourgeois cesse naturellement d'exister en même temps que son complément, et tous deux disparaissent en même temps que le capital.

Nous reprochez-vous de vouloir abolir l'exploitation des enfants par leurs parents? Nous avouons ce crime.

Mais, dites-vous, nous supprimons les liens les plus doux en substituant à l'éducation par la famille l'éducation par la société.

Mais votre éducation elle-même n'est-elle pas déterminée aussi par la société? Par les rapports sociaux au sein desquels elle se fait, par l'ingérence plus ou moins directe de la société par le canal de l'école, etc.? L'action de la société sur l'éducation n'est pas une invention des communistes; ils changent seulement son caractère, ils arrachent l'éducation à l'influence de la classe dominante.

Les boniments de la bourgeoisie sur la famille et l'éducation, sur la douceur des liens entre parents et enfants deviennent d'autant plus écœurants que la grande industrie déchire de plus en plus tous les liens familiaux pour les prolétaires et que les enfants sont transformés en simples articles de commerce et en instruments de travail.

Mais vous, communistes, vous voulez introduire la communauté des femmes, nous lance en chœur toute la bourgeoisie.

Le bourgeois ne voit dans sa femme qu'un instrument de production. Il entend dire que les instruments de production seront exploités en commun et ne peut naturellement imaginer pour les femmes d'autre sort que d'être également mises en commun.

Il ne soupçonne pas qu'il s'agit précisément de supprimer la condition de simples instruments de production qui est celle des femmes.

D'ailleurs rien n'est plus ridicule que la vertueuse indignation de nos bourgeois à propos de cette communauté des femmes que, selon eux, les communistes voudraient instaurer officiellement. Les communistes n'ont pas besoin de l'introduire, elle a presque toujours existé.

Non contents d'avoir à leur disposition les femmes et les filles de leurs prolétaires, pour ne rien dire de la prostitution publique, nos bourgeois se font le plus grand plaisir de séduire réciproquement leurs femmes légitimes

Le mariage bourgeois est en réalité la communauté des femmes mariées. On pourrait donc tout au plus reprocher aux communistes de vouloir introduire, à la place d'une communauté des femmes cachée hypocritement, une communauté officielle et franche. Il va d'ailleurs de soi que l'abolition des rapports de production actuels fera disparaître aussi la communauté des femmes qui en résulte, c'est-à-dire la prostitution officielle et officieuse.

On a en outre reproché aux communistes de vouloir abolir la patrie, la nationalité.

Les ouvriers n'ont pas de patrie. On ne peut leur prendre ce qu'ils n'ont pas. Comme le prolétariat doit d'abord conquérir la domination politique, s'ériger en classe nationale[1], se constituer lui-même en nation, il est encore par là national, bien que nullement au sens où l'entend la bourgeoisie.

Les cloisonnements nationaux et les oppositions entre les peuples disparaissent de plus en plus du seul fait du développement de la bourgeoisie, de la liberté du commerce, du marché mondial, de l'uniformité de la production industrielle et des conditions d'existence qu'elle entraîne.

La domination du prolétariat les effacera plus encore. L'action unie, du moins dans les pays civilisés, est une des premières conditions de son émancipation.

A mesure qu'est abolie l'exploitation d'un individu par l'autre, l'exploitation d'une nation par l'autre l'est aussi.

Avec l'opposition des classes à l'intérieur d'une nation[2] tombe l'hostilité des nations entre elles.

Quant aux accusations portées contre le communisme à partir de points de vue religieux, philosophiques et idéologiques en général, elles ne méritent pas d'être discutées plus en détail.

Est-il besoin d'aller au fond des choses pour comprendre qu'avec les conditions de vie des hommes, avec leurs relations sociales, avec leur existence sociale, leurs représentations, leurs conceptions et leurs notions, en un mot leur conscience, changent aussi?

1. *(1888)* classe dirigeante de la nation.
2. *(1848)* des nations.

Que prouve l'histoire des idées sinon que la production intellectuelle se métamorphose avec la production matérielle? Les idées dominantes d'une époque n'ont toujours été que les idées de la classe dominante.

On parle d'idées qui révolutionnent une société tout entière; par là on exprime seulement le fait que dans le sein de l'ancienne société se sont formés les éléments d'une société nouvelle et que la dissolution des idées anciennes va de pair avec la dissolution des anciennes conditions de vie.

Lorsque le monde antique était en plein déclin, les religions de l'Antiquité furent vaincues par la religion chrétienne. Lorsque les idées chrétiennes succombèrent, au XVIIIe siècle, aux idées des Lumières, la société féodale en était aux derniers soubresauts de sa lutte à mort avec la bourgeoisie alors révolutionnaire. Les idées de liberté de conscience et de liberté religieuse n'exprimaient dans le domaine de la conscience[1] que le règne de la libre concurrence.

« Mais, dira-t-on, des idées religieuses, morales, philosophiques, politiques, juridiques, etc., se sont en effet modifiées au cours de l'histoire. La religion, la morale, la philosophie, la politique, le droit se sont toujours maintenus au sein de ces changements. »

« Il y a en outre des vérités éternelles comme la liberté, la justice, etc., qui sont communes à tous les régimes sociaux. Le communisme, lui, abolit les vérités éternelles, il abolit la religion, la morale au lieu de leur donner une forme nouvelle, il contredit donc tous les développements historiques antérieurs. »

A quoi se réduit cette accusation? L'histoire de toute société jusqu'à nos jours s'est jouée dans des oppositions de classes qui ont pris des formes différentes aux diverses époques.

Mais, quelle que soit la forme qu'elles aient revêtue, l'exploitation d'une partie de la société par l'autre est un fait commun à tous les siècles passés.

---

1. *(1872, 1883, 1890)* du savoir.

Rien d'étonnant donc que la conscience sociale de tous les siècles, en dépit de toute multiplicité et de toute variété, se meuve dans certaines formes communes, dans des formes[1], des formes de conscience qui ne se dissoudront pleinement qu'avec la disparition complète de l'opposition de classes.

La révolution communiste est la rupture la plus radicale avec les rapports de propriété traditionnels; rien d'étonnant à ce que la marche de son développement entraîne la rupture la plus radicale avec les idées traditionnelles

Mais laissons là les objections de la bourgeoisie contre le communisme.

Nous avons déjà vu plus haut que le premier pas des ouvriers dans la révolution, c'est le prolétariat s'érigeant en classe dominante, la conquête de la démocratie.

Le prolétariat utilisera sa domination politique pour arracher peu à peu à la bourgeoisie tout capital, pour centraliser tous les instruments de production entre les mains de l'État, c'est-à-dire du prolétariat organisé en classe dominante et pour accroître le plus vite possible la masse des forces de production

Cela ne peut naturellement se faire tout d'abord qu'au moyen d'interventions despotiques dans le droit de propriété et dans les rapports de production bourgeois, donc grâce à des mesures qui apparaissent économiquement insuffisantes et insoutenables, mais qui, au cours du mouvement, tendent à se dépasser elles-mêmes[2] et qui sont inévitables comme moyen de bouleverser tout le mode de production.

Ces mesures seront naturellement différentes selon les divers pays.

Pour les pays les plus développés toutefois, les mesures suivantes pourront être assez généralement appliquées :

1. Expropriation de la propriété foncière et utilisation de la rente foncière pour les dépenses de l'État;

---

1. *(1890) supprimé.*
2. *(1888)* nécessitent d'autres interventions dans l'ordre social.

2. Impôt progressif élevé;

3. Abolition du droit d'héritage;

4. Confiscation de la propriété de tous les émigrés et rebelles;

5. Centralisation du crédit entre les mains de l'État au moyen d'une banque nationale à capital d'État et à monopole exclusif;

6. Centralisation de tous les[1] transports entre les mains de l'État;

7. Multiplication des usines nationales, des instruments de production, défrichement et amélioration des terres selon un plan commun;

8. Obligation de travail égale pour tous, constitution d'armées industrielles, en particulier pour l'agriculture;

9. Union entre le travail agricole et le travail industriel, mesures visant à faire disparaître peu à peu l'opposition[2] de la ville et de la campagne[3];

10. Éducation publique et gratuite de tous les enfants. Suppression du travail des enfants en usine sous sa forme actuelle. Combinaison de l'éducation et de la production matérielle, etc., etc.

Une fois que les différences de classes auront disparu au cours du développement et que toute la production sera concentrée entre les mains des individus associés, les pouvoirs publics perdront leur caractère politique. Le pouvoir politique au sens propre est le pouvoir organisé d'une classe pour l'oppression d'une autre. Lorsque dans la lutte contre la bourgeoisie le prolétariat s'unit nécessairement en une classe, qu'il s'érige en classe dirigeante par une révolution et que, classe dirigeante, il abolit par la violence les anciens rapports de production, il abolit du même coup les conditions d'existence de l'opposition de classes, des[4] classes en général et par suite sa propre domination de classe.

1. *(1872, 1883, 1890)* des.

2. *(1872, 1883, 1890)* la différence.

3. *(1888)* par une répartition plus égale de la population à la campagne.

4. *(1872, 1883, 1890)* les.

A la vieille société bourgeoise avec ses classes et ses oppositions de classes se substitue une association dans laquelle le libre développement de chacun est la condition du libre développement de tous.

III
LITTÉRATURE
SOCIALISTE ET COMMUNISTE[22]

1. Le socialisme réactionnaire

a) *Le socialisme féodal*

Du fait de leur situation historique les aristocraties française et anglaise avaient vocation à rédiger des pamphlets contre la société bourgeoise moderne. Dans la révolution de juillet 1830 en France, dans le mouvement anglais pour la réforme [23], elles avaient succombé une fois de plus à ce parvenu détesté. Il ne pouvait plus être question d'une lutte politique sérieuse. Il ne leur restait plus que la bataille littéraire. Or, même dans le domaine de la littérature, les vieilles tournures datant de l'époque de la Restauration* étaient devenues impossibles. Pour susciter la sympathie, l'aristocratie devait faire semblant de perdre de vue ses intérêts propres et ne formuler son réquisitoire contre la bourgeoisie que dans l'intérêt de la classe ouvrière exploitée. Elle se ménageait ainsi la satisfaction de pouvoir brocarder en chansons son nouveau maître et de lui murmurer à l'oreille des prophéties plus ou moins grosses de malheurs.

C'est de cette façon qu'a pris naissance le socialisme féodal, mêlant complainte et libelle, écho du

---

* Il ne s'agit pas de la Restauration anglaise (1660-1689), mais de la Restauration en France (1814-1830) *(1888)*.

passé et menace de l'avenir, frappant parfois la bourgeoisie en plein cœur par une critique amère et spirituellement mordante, et toujours assuré d'un effet comique par sa complète incapacité à comprendre la marche de l'histoire moderne.

En guise de drapeau, ces messieurs brandissaient la besace de mendiant du prolétaire pour rassembler le peuple derrière eux. Mais toutes les fois qu'il se ralliait à eux, il apercevait les vieux blasons féodaux dont s'ornait leur derrière et il se dispersait en poussant de grands éclats de rire irrévérencieux.

Une partie des légitimistes français[24] et la Jeune Angleterre[25] ont régalé le monde de ce spectacle.

Lorsque les féodaux démontrent que leur mode d'exploitation avait une forme autre que celle de l'exploitation bourgeoise, ils oublient seulement qu'ils exploitaient dans des circonstances et des conditions totalement différentes et aujourd'hui périmées. Lorsqu'ils font la preuve que sous leur domination le prolétariat moderne n'existait pas, ils oublient seulement que cette bourgeoisie moderne elle-même est nécessairement le rejeton de leur régime social.

D'ailleurs, ils dissimulent si peu le caractère réactionnaire de leur critique que leur accusation principale contre la bourgeoisie consiste très exactement en ceci que sous son régime se développe une classe qui va faire éclater tout l'ordre social ancien.

Ils reprochent bien plus à la bourgeoisie d'engendrer un prolétariat révolutionnaire que le fait qu'elle engendre un prolétariat.

C'est pourquoi, dans la pratique politique, ils participent à toutes les mesures coercitives contre la classe ouvrière, et dans la vie courante, en dépit de tous leurs discours pompeux, ils condescendent à ramasser les pommes d'or[1] et à troquer la fidélité, l'amour, l'honneur contre le trafic de la laine, des betteraves et de l'eau-de-vie*.

1. (1888) tombées de l'arbre de l'industrie.
* Ceci concerne principalement l'Allemagne où la noblesse

Prêtres et féodaux ont toujours marché la main dans la main; de même le socialisme clérical[26] et le socialisme féodal.

Rien de plus facile que de donner à l'ascétisme chrétien un vernis socialiste. Le christianisme ne s'est-il pas déchaîné aussi contre la propriété privée, le mariage, l'État? N'a-t-il pas prêché à leur place la charité et la mendicité, le célibat et la mortification de la chair, la vie monastique et l'Église? Le socialisme chrétien[1] n'est que l'eau bénite avec laquelle le prêtre consacre le dépit de l'aristocrate.

b) *Socialisme petit-bourgeois*

L'aristocratie féodale n'est pas la seule classe que la bourgeoisie ait renversée et dont les conditions de vie se soient dégradées et aient dépéri dans la société bourgeoise. Les bourgeois hors les murs [28] du Moyen Age et les petits paysans ont été les précurseurs de la bourgeoisie moderne. Dans les pays où l'industrie et le commerce sont moins développés, cette classe[2] continue à végéter à côté de la bourgeoisie montante.

Dans les pays où la civilisation moderne a atteint son plein développement, il s'est formé une petite bourgeoisie nouvelle qui flotte entre le prolétariat et la bourgeoisie et qui, fraction complémentaire de la société bourgeoise, ne cesse de se reconstituer, mais dont les membres sont constamment précipités par la concurrence dans le prolétariat; avec le développement de la grande industrie, ils voient même appro-

---

rurale et les hobereaux font exploiter une grande partie de leurs domaines à leur propre compte par un régisseur et sont encore en outre de gros producteurs de sucre de betteraves et d'eau-de-vie de pommes de terre. Les aristocrates anglais, plus riches, sont encore au-dessus de cela, mais eux aussi savent comment on peut rattraper la baisse de la rente en prêtant son nom à des promoteurs de sociétés par actions plus ou moins louches *(1888)*.

    1. *(1848)* sacré et actuel. *(1872, 1883, 1890)* chrétien [27].

    2. *(1888)* ces deux classes.

cher le moment où ils disparaîtront totalement en tant que partie autonome de la société moderne et seront remplacés dans le commerce, la manufacture, l'agriculture par des surveillants et des commis[1].

Dans des pays comme la France, où la classe paysanne constitue bien plus de la moitié de la population, il était naturel que des écrivains qui s'affirmaient pour le prolétariat contre la bourgeoisie aient appliqué à leur critique du régime bourgeois des critères de petits-bourgeois et de petits paysans et aient pris le parti des ouvriers du point de vue de la petite bourgeoisie. C'est ainsi que s'est formé le socialisme petit-bourgeois. Sismondi est le chef de cette littérature non seulement pour la France, mais aussi pour l'Angleterre[29].

Ce socialisme a analysé avec la plus grande sagacité les contradictions inhérentes aux rapports de production modernes. Il a démasqué les enjolivements fallacieux des économistes[30]. Il a démontré de façon irréfutable les effets destructeurs du machinisme et de la division du travail, la concentration des capitaux et de la propriété foncière, la surproduction, les crises, le déclin inéluctable des petits-bourgeois et des petits paysans, la misère du prolétariat, l'anarchie de la production, les disparités criantes dans la répartition de la richesse, la guerre d'extermination industrielle des nations entre elles, la dissolution des mœurs anciennes, des rapports familiaux anciens, des nationalités anciennes.

D'après son contenu positif toutefois, ce socialisme veut ou bien restaurer les moyens de production et de communication du passé et avec eux les anciens rapports de propriété et l'ancienne société, ou bien enfermer à nouveau de force les moyens de production et de communication modernes dans le cadre des anciens rapports de propriété qu'ils ont fait éclater, qu'ils ne pouvaient que faire éclater. Dans les deux cas, il est à la fois réactionnaire et utopique.

---

1. *(1888)* dans la manufacture, l'agriculture et le commerce par des surveillants, des régisseurs et des commis.

Le régime corporatif dans la manufacture, l'économie patriarcale à la campagne, voilà son dernier mot. Dans la suite de son développement, cette orientation s'est perdue dans le lâche marasme d'un lendemain d'ivresse[1].

c) *Le socialisme allemand ou socialisme « vrai »*[31]

La littérature socialiste et communiste française, qui est née sous le régime oppressif d'une bourgeoisie dominante et constitue l'expression littéraire de la lutte contre cette domination, fut introduite en Allemagne à une époque où la bourgeoisie entamait justement sa lutte contre l'absolutisme féodal.

Philosophes, demi-philosophes et beaux esprits allemands s'emparèrent avidement de cette littérature et oublièrent seulement que, lorsque ces écrits avaient été importés de France, les conditions de vie françaises n'avaient pas simultanément passé en Allemagne. Eu égard à la situation allemande, la littérature française perdait toute signification pratique immédiate et elle prit un aspect purement littéraire. Elle devait nécessairement apparaître comme une spéculation oiseuse sur la société vraie[2], sur la réalisation de l'essence humaine. Ainsi, pour les philosophes allemands du XVIIIe siècle, les revendications de la première Révolution française n'avaient que le sens de revendications de la « raison pratique » en général et les expressions de la volonté de la bourgeoisie française révolutionnaire signifiaient à leurs yeux les lois de la volonté pure, de la volonté telle qu'elle doit être, de la volonté vraiment humaine.

Les littérateurs allemands s'occupèrent exclusivement de mettre les idées françaises nouvelles en

---

1. *(1888)* Finalement lorsque les faits historiques têtus eurent dissipé toute l'ivresse de ses propres illusions, cette forme de socialisme a fini dans une pitoyable crise de cafard.
2. Ces quatre derniers mots omis dans *(1872, 1883 et 1890)*. Toute la phrase manque dans *(1888)*.

accord avec leur vieille conscience philosophique ou plutôt de faire leurs les idées françaises en partant de leur point de vue philosophique[32].

Ils se les approprièrent de la même façon qu'on le fait somme toute d'une langue étrangère : en traduisant.

On sait comment les moines ont recouvert des manuscrits où étaient consignées les œuvres classiques de l'Antiquité païenne d'insipides histoires de saints catholiques. Les littérateurs allemands procédèrent à l'inverse avec la littérature française profane. Ils glissèrent leurs sottises philosophiques derrière l'original français. Par exemple, derrière la critique française des rapports d'argent, ils glissèrent « aliénation de l'essence humaine », derrière la critique française de l'État bourgeois, ils glissèrent « abolition du règne de l'Universel abstrait », etc.

Cette substitution de leur phraséologie philosophique aux développements français, ils la baptisèrent « philosophie de l'action »[33], « socialisme vrai », « science allemande du socialisme », « fondement philosophique du socialisme », etc.

De la sorte, la littérature socialiste et communiste française fut châtrée en bonne et due forme. Et comme, entre les mains de l'Allemand, elle cessait d'exprimer la lutte d'une classe contre une autre, ce dernier eut conscience d'avoir triomphé de l'« étroitesse française », de représenter, au lieu de besoins vrais, le besoin de la vérité et, au lieu des intérêts du prolétaire, les intérêts de l'essence humaine, de l'homme en général, de l'homme qui n'appartient à aucune classe, qui somme toute n'appartient pas au réel, mais seulement au ciel nébuleux de l'imagination philosophique.

Cependant, ce socialisme allemand qui prenait si solennellement au sérieux ses maladroits exercices d'écolier et les claironnait avec tant de charlatanisme perdit peu à peu son innocence pédantesque.

MANIFESTE DU PARTI COMMUNISTE

La lutte de la bourgeoisie en Allemagne, et surtout en Prusse, contre les féodaux et la monarchie absolue, bref le mouvement libéral prit un tour plus sérieux.

De la sorte l'occasion souhaitée s'offrait au socialisme « vrai » de dresser face au mouvement politique les revendications socialistes, de lancer les anathèmes traditionnels contre le libéralisme, l'État représentatif, la concurrence bourgeoise, la liberté de la presse et le droit bourgeois, la liberté et l'égalité bourgeoises, et de prêcher aux masses populaires qu'elles n'avaient rien à gagner dans ce mouvement bourgeois, mais au contraire *tout* à perdre. Le socialisme allemand oubliait à point nommé que la critique française, dont il était le fade écho, suppose[1] la société bourgeoise moderne avec les conditions de vie matérielles correspondantes et la constitution politique appropriée, toutes choses qu'il s'agissait d'abord de conquérir en Allemagne.

Pour les gouvernements absolus d'Allemagne, avec leur escorte de prêtres, de maîtres d'école, de nobliaux et de bureaucratie, ce socialisme venait à point pour servir d'épouvantail contre les aspirations menaçantes de la bourgeoisie.

Il fut le morceau de sucre qui compensa l'amère potion des coups de fouet et des balles de fusils avec lesquels ces mêmes gouvernements traitaient[34] les insurrections des ouvriers allemands[35].

Si le socialisme « vrai » est devenu de la sorte aux mains des gouvernements une arme contre la bourgeoisie allemande, il représentait aussi directement un intérêt réactionnaire, l'intérêt des petits-bourgeois bornés[2][36] d'Allemagne. En Allemagne, la petite bourgeoisie, héritage du xvie siècle et qui depuis lors ne cesse de resurgir sous diverses formes, constitue la véritable assise sociale de l'ordre établi.

La maintenir, c'est maintenir l'état de choses exis-

---

1. *(1872, 1883, 1890)* a supposé.
2. *(1888)* des philistins allemands.

tant en Allemagne. La domination industrielle et politique de la bourgeoisie lui fait redouter sa fin certaine, d'une part du fait de la concentration du capital, d'autre part à cause de la montée d'un prolétariat révolutionnaire. Le socialisme « vrai » lui semblait faire d'une pierre deux coups. Il s'est propagé comme une épidémie.

La robe tissée de spéculation arachnéenne, toute brodée de fines fleurs de rhétorique, imprégnée de rosée sentimentale et langoureuse, cette robe faite d'exaltation dans laquelle les socialistes allemands drapent leurs quelques « vérités éternelles » décharnées, n'a fait qu'augmenter l'écoulement de leur marchandise auprès d'un tel public.

De son côté le socialisme allemand a reconnu de plus en plus qu'il avait vocation à être le représentant grandiloquent de cette petite bourgeoisie bornée.

Il a proclamé que la nation allemande était la nation normale et le petit-bourgeois[1] allemand l'homme normal. Il a donné à chacune des bassesses de ce dernier un sens caché, supérieur, socialiste, par lequel elle signifie son contraire. Il a tiré la conséquence dernière en prenant parti contre l'orientation « brutalement destructive » du communisme et en faisant savoir qu'il se plaçait impartialement au-dessus de toutes les luttes de classes. A fort peu d'exceptions près, tout ce qui circule en Allemagne d'écrits soi-disant socialistes et communistes est à mettre dans le registre de cette littérature malpropre et alanguissante*.

2. LE SOCIALISME CONSERVATEUR OU BOURGEOIS

Une partie de la bourgeoisie souhaite remédier aux *anomalies sociales* pour assurer la durée de la société bourgeoise.

1. *(1888)* le petit philistin allemand.
* La tourmente révolutionnaire de 1848 a balayé toute cette tendance miteuse et fait passer à ses représentants l'envie de continuer à faire dans le socialisme. Le représentant principal et le type classique de cette école est M. Karl Grün *(1890)*.

Ici se rangent : des économistes, des philanthropes, des humanitaires, des gens qui veulent améliorer la situation des classes travailleuses, organiser la charité, abolir la cruauté envers les animaux, des fondateurs d'associations de tempérance, des réformateurs véreux du genre le plus disparate. Et ce socialisme bourgeois a même été élaboré en systèmes complets.

Nous citerons comme exemple la « Philosophie de la misère » de Proudhon [37].

Les bourgeois socialistes veulent les conditions de vie de la société moderne sans les luttes et les dangers qui en résultent nécessairement. Ils veulent la société existante débarrassée des éléments qui la révolutionnent et la dissolvent. Ils veulent la bourgeoisie sans le prolétariat. La bourgeoisie se représente naturellement le monde où elle règne comme le meilleur. Le socialisme bourgeois élabore cette représentation consolante en divers systèmes plus ou moins complets. Lorsqu'il invite le prolétariat à faire passer ses systèmes dans la réalité pour[1] entrer dans la nouvelle Jérusalem, il ne réclame au fond qu'une chose : qu'il s'en tienne à la société actuelle, mais qu'il se défasse des représentations haineuses qu'il en a.

Une seconde forme, moins systématique et plus pratique de ce socialisme, a cherché à dégoûter la classe ouvrière de tout mouvement révolutionnaire en lui démontrant que ce n'est pas tel ou tel changement politique, mais seulement celui des conditions matérielles de vie, des rapports économiques qui peut lui être de quelque profit. Or, par changement des conditions matérielles de vie, ce socialisme n'entend nullement l'abolition des rapports de production bourgeois, laquelle n'est possible que par la voie révolutionnaire, mais des améliorations administratives qui s'opèrent sur la base de ces rapports de production, ne changent donc rien au rapport du capital et du salariat, mais, dans le meilleur des cas, dimi-

1. *(1872, 1883, 1890)* et à.

nuent pour la bourgeoisie les frais de sa domination et simplifient son budget public.

Le socialisme bourgeois n'atteint son expression adéquate qu'au moment où il devient une simple figure rhétorique.

Liberté du commerce! dans l'intérêt de la classe travailleuse ; droits protecteurs! dans l'intérêt de la classe travailleuse; prisons cellulaires! dans l'intérêt de la classe travailleuse — tel est le dernier mot du socialisme bourgeois, le seul qu'il prenne au sérieux.

Son socialisme [1] consiste précisément à affirmer que les bourgeois sont des bourgeois... dans l'intérêt de la classe travailleuse.

3. LE SOCIALISME ET LE COMMUNISME CRITIQUES ET UTOPIQUES

Nous ne parlerons pas ici des écrits qui, dans toutes les grandes révolutions modernes, ont exprimé les revendications du prolétariat (œuvres de Babeuf, etc.).

Les premières tentatives du prolétariat pour faire triompher directement son propre intérêt de classe à un moment d'agitation générale, dans la période du renversement de la société féodale, ont nécessairement échoué, tant du fait de l'état encore embryonnaire du prolétariat qu'en raison de l'absence des conditions matérielles de son émancipation qui sont précisément le résultat de l'époque bourgeoise. Les écrits révolutionnaires qui ont accompagné ces premiers mouvements du prolétariat sont, quant à leur contenu, nécessairement réactionnaires. Ils enseignent un ascétisme général et un égalitarisme grossier.

Les systèmes socialistes et communistes proprement dits, les systèmes de Saint-Simon, de Fourier, d'Owen, etc., font leur apparition dans la première

---

1. *(1872, 1883, 1890)* le socialisme de la bourgeoisie.

période du développement embryonnaire de la lutte entre prolétariat et bourgeoisie que nous avons exposée plus haut (Voir « Bourgeoisie et Prolétariat »).

Les inventeurs de ces systèmes voient certes l'opposition des classes ainsi que l'efficacité des éléments désagrégateurs dans la société dominante elle-même. Mais ils n'aperçoivent du côté du prolétariat aucune spontanéité historique, aucun mouvement politique qui lui soit propre.

Comme le développement de l'opposition de classes progresse du même pas que celui de l'industrie, ils trouvent tout aussi peu dans la réalité les conditions matérielles de l'émancipation du prolétariat et sont à la recherche d'une science sociale, de lois sociales pour créer ces conditions.

A l'activité sociale doit se substituer leur capacité d'invention personnelle, aux conditions historiques de l'émancipation, des conditions purement imaginaires, à l'organisation du prolétariat en classe qui s'opère progressivement, une organisation de la société combinée tout exprès. L'histoire future du monde se résout pour eux en la propagande et la mise à exécution de leurs projets de société.

Sans doute ont-ils conscience de prendre, dans leur projets, principalement la défense de l'intérêt de la classe travailleuse parce qu'elle est la classe qui souffre le plus. Le prolétariat n'existe pour eux que de ce point de vue de la classe qui souffre le plus.

Mais la forme encore embryonnaire de la lutte de classes ainsi que leur propre milieu les portent à se croire bien au-dessus de cette opposition de classes. Ils veulent améliorer la situation de tous les membres de la société, même des mieux placés. Aussi font-ils constamment appel à l'ensemble de la société sans distinction, et même de préférence à la classe dominante. Il suffit en effet de comprendre leur système pour y reconnaître le meilleur projet possible de la meilleure société possible.

C'est pourquoi ils rejettent toute action politique, en particulier toute action révolutionnaire, ils veulent atteindre leur but par des moyens pacifiques et ils tentent d'ouvrir la voie au nouvel évangile social par de petites expériences qui naturellement échouent, par la puissance de l'exemple.

Cette description purement imaginaire de la société future, faite en un temps où le prolétariat est encore tout à fait embryonnaire, où il ne conçoit donc encore lui-même sa propre situation qu'en imagination, correspond à[1] son pressentiment, à sa première aspiration à une transformation générale de la société.

Mais les écrits socialistes et communistes comportent aussi des éléments critiques. Ils attaquent tous les fondements de la société établie. C'est pourquoi ils ont fourni des matériaux extrêmement précieux pour éclairer les ouvriers. Leurs propositions positives sur la société future, par exemple l'abolition de l'opposition de[2] la ville et de la campagne, de la famille, du gain privé, du salariat, l'annonce de l'harmonie sociale, la transformation de l'État en une simple administration de la production — toutes ces propositions qui sont les leurs ne font qu'exprimer la disparition de l'opposition de classes qui commence tout juste à se développer et qu'ils ne connaissent encore que sous ses premières formes imprécises et vagues. Ainsi ces propositions elles-mêmes ont-elles encore un sens purement utopique.

L'importance du socialisme et du communisme utopiques et critiques est en raison inverse du développement historique. Dans la mesure même où la lutte de classe se développe et prend forme, cette façon de s'élever au-dessus d'elle par l'imagination, de la combattre en imagination perd toute valeur pratique, toute justification théorique. C'est pourquoi, même si les auteurs de ces systèmes étaient révolutionnaires à maints égards, leurs disciples constituent chaque fois des sectes réactionnaires. Ils main-

1. *(1872, 1883, 1890) naît de.*
2. *(1872, 1883, 1890)* entre.

tiennent les vieilles conceptions de leurs maîtres face à la progression historique du prolétariat. Ils cherchent donc avec logique à émousser à nouveau la lutte des classes et à concilier les oppositions. Ils continuent à rêver de la réalisation expérimentale de leurs utopies sociales, création de phalanstères isolés, fondation de « colonies intérieures », institution d'une petite Icarie * — édition in-douze de la nouvelle Jérusalem —, et pour édifier ces châteaux en Espagne, ils sont obligés de faire appel à la philanthropie des cœurs et des bourses bien garnies des bourgeois. Peu à peu ils tombent dans la catégorie des socialistes réactionnaires ou conservateurs décrits plus haut et ne s'en distinguent plus que par un pédantisme plus systématique, par la foi superstitieuse et fanatique en l'efficacité miraculeuse de leur science sociale.

C'est pourquoi ils s'opposent avec acharnement à tout mouvement politique des ouvriers, lequel n'a pu surgir que de l'aveugle manque de foi de ces derniers dans le nouvel évangile.

Les Owenistes en Angleterre, les Fouriéristes en France réagissent les uns contre les Chartistes [38], les autres contre les Réformistes [39].

---

* Le nom de *phalanstère* désignait les colonies socialistes projetées par Charles Fourier; Cabet a appelé *Icarie* son utopie et par la suite sa colonie communiste en Amérique *(1888)*.

Home colonies (colonies à l'intérieur), c'est ainsi qu'Owen appelle ses sociétés communistes modèles. *Phalanstère* était le nom des palais sociaux projetés par Fourier. Le pays imaginaire et utopique dont Cabet a décrit les institutions communistes s'appelait *Icarie (1890)*.

IV

POSITION
DES COMMUNISTES À L'ÉGARD
DES DIVERS PARTIS D'OPPOSITION

D'après ce que nous avons dit dans la Section II, la position des communistes à l'égard des partis ouvriers déjà constitués va de soi; ainsi leur position à l'égard des chartistes en Angleterre et des réformateurs agraires en Amérique [40]. Ils luttent pour les buts et les intérêts immédiats de la classe ouvrière, mais au sein du mouvement actuel ils représentent en même temps l'avenir du mouvement. En France les communistes se rangent aux côtés du parti démocrate-socialiste *[41] dans la lutte contre la bourgeoisie conservatrice et radicale, sans abandonner pour autant le droit d'avoir une attitude critique à l'égard des phrases creuses et des illusions issues de la tradition révolutionnaire.

En Suisse ils soutiennent les radicaux, sans méconnaître que ce parti se compose d'éléments contradictoires, soit de démocrates-socialistes au sens français, soit de bourgeois radicaux [42].

* Le parti qui était alors représenté au Parlement par Ledru-Rollin, en littérature par Louis Blanc et dans la presse quotidienne par la « *Réforme* ». Le nom de « social-démocratie » signifiait chez ces hommes qui l'avaient inventé un secteur du parti démocrate ou républicain plus ou moins teinté de socialisme *(1888)*.

Le parti qui se nommait à l'époque en France démocrate-socialiste était celui que représentaient Ledru-Rollin sur le plan politique et Louis Blanc sur le plan littéraire; il était donc à cent lieues de ressembler à la social-démocratie allemande d'aujourd'hui *(1890)*.

Chez les Polonais, les communistes soutiennent le parti qui fait d'une révolution agraire la condition de la libération nationale, ce même parti qui provoqua l'insurrection de Cracovie en 1846 [43].

En Allemagne, dès que la bourgeoisie prend une attitude révolutionnaire, le parti communiste lutte en commun avec elle contre la monarchie absolue, la propriété foncière féodale et l'étroitesse petite-bourgeoise.

Mais il n'omet pas un instant de constituer chez les ouvriers une conscience aussi claire que possible de l'opposition hostile de[1] la bourgeoisie et du prolétariat afin que les ouvriers allemands puissent aussitôt retourner comme autant d'armes contre la bourgeoisie les conditions sociales et politiques que cette dernière ne peut manquer d'amener avec sa domination et afin qu'après la chute des classes réactionnaires en Allemagne commence aussitôt la lutte contre la bourgeoisie elle-même.

Les communistes tournent leur attention principale vers l'Allemagne, parce qu'elle est à la veille d'une révolution bourgeoise et qu'elle accomplit cette révolution dans des conditions plus avancées de la civilisation européenne en général et avec un prolétariat bien plus développé que l'Angleterre au xviie et la France au xviiie siècle, en sorte que la révolution bourgeoise en Allemagne ne peut être que le prélude immédiat d'une révolution prolétarienne.

En un mot, les communistes soutiennent partout tout mouvement révolutionnaire contre l'ordre social et politique établi. Dans tous ces mouvements, ils mettent en évidence comme le problème fondamental du mouvement, la question de la propriété, quel que soit le degré de développement qu'elle ait pu atteindre.

Les communistes enfin travaillent partout à l'union et à l'entente des partis démocratiques de tous les pays.

1. *(1872, 1883, 1890)* entre.

Les communistes se refusent à dissimuler leurs opinions et leurs intentions. Ils déclarent ouvertement que leurs fins ne peuvent être atteintes que grâce au renversement par la violence de tout l'ordre social du passé. Que les classes dominantes tremblent devant une révolution communiste. Les prolétaires n'ont rien à y perdre que leurs chaînes. Ils ont un monde à gagner.

PROLÉTAIRES DE TOUS LES PAYS,
UNISSEZ-VOUS![44]

DOSSIER

Préfaces

I. Préface à l'édition allemande de 1872

La *Ligue des communistes*, association ouvrière internationale qui, dans les circonstances de l'époque ne pouvait évidemment être que secrète, a chargé les soussignés, au congrès tenu à Londres en novembre 1847, de rédiger un programme théorique et pratique détaillé du parti destiné à être publié. Telle est l'origine de ce « Manifeste » dont le manuscrit partit à l'impression pour Londres quelques semaines avant la Révolution de Février. Publié d'abord en allemand, il a connu dans cette langue au moins douze éditions différentes en Allemagne, en Angleterre et en Amérique[45]. Traduit en anglais par Miss Helen Macfarlane, il a paru pour la première fois à Londres en 1850 dans le *Red Republican*[46] et en 1871 en Amérique dans au moins trois traductions différentes[47]. En français il a paru d'abord à Paris peu avant l'insurrection de Juin 1848[48], et récemment dans *Le Socialiste* de New York[49]. Une nouvelle traduction est en préparation[50]. En polonais à Londres, peu après sa première édition en allemand[51]. En russe à Genève dans les années soixante à soixante-dix[52]. En danois il a été également traduit peu après sa parution[53].

Bien que la situation ait beaucoup changé au cours des vingt-cinq dernières années, les principes généraux développés dans ce « Manifeste » conservent dans l'ensemble aujourd'hui encore toute leur justesse. On pourrait améliorer ici et là quelque détail. L'application pratique de ces principes, le « Manifeste » le déclare lui-même, dépendra partout et toujours des circonstances historiques données et c'est pourquoi on n'insiste pas spécialement sur les mesures révolutionnaires proposées à la fin de la Section II. A bien des égards ce passage serait aujourd'hui rédigé autrement. Étant donné les immenses progrès de la grande industrie au cours des derniers vingt-cinq ans et les progrès parallèles de l'organisation de la classe ouvrière en parti, étant donné les expériences pratiques de la Révolution de Février d'abord et bien plus encore de la Commune de Paris, où le prolétariat a détenu pour la première fois pendant deux mois le pouvoir politique, ce programme est aujourd'hui périmé sur certains points. Notamment, la Commune a apporté la preuve que « la classe ouvrière ne peut pas se contenter de prendre telle quelle la machine de l'État et de la faire fonctionner pour ses propres fins »[54]. (Voir *La Guerre civile en France. Adresse du Conseil général de l'Association internationale des travailleurs*, édition allemande, p. 19, où ce point est plus longuement développé[1].)

En outre il va de soi que la critique de la littérature socialiste est aujourd'hui incomplète, car elle ne va que jusqu'en 1847; il en va de même des remarques sur la position des communistes à l'égard des différents partis d'opposition (Section IV); si dans leurs traits fondamentaux elles restent justes aujourd'hui encore, elles sont périmées dans leur application du simple fait que la situation politique s'est complètement transformée et que l'histoire a fait disparaître la plupart des partis qui y sont énumérés.

Cependant, le « Manifeste » est un document historique et nous ne nous reconnaissons plus le droit d'y rien changer. Une édition ultérieure paraîtra peut-

1. Traduction française, Paris, Éditions sociales, 1968, p. 24 sq.

être accompagnée d'une introduction qui comblera la lacune entre 1847 et nos jours; la présente réimpression nous a pris trop au dépourvu pour nous en laisser le temps.

Londres, 24 juin 1872.

Karl MARX Friedrich ENGELS

II. Préface à l'édition russe de 1882[55]

La première édition russe du « Manifeste du Parti communiste », traduit par Bakounine, a paru peu après 1860 à l'imprimerie du *Kolokol*[56]. A l'époque l'Occident ne pouvait y voir (dans l'édition *russe* du « Manifeste ») qu'une curiosité littéraire. Une telle conception serait aujourd'hui impossible.

Combien le mouvement prolétarien avait encore à l'époque (décembre 1847) peu d'extension, c'est ce que montre avec la plus grande évidence le chapitre final du « Manifeste » : Position des communistes à l'égard des différents partis d'opposition dans les divers pays. Il y manque en effet précisément... la Russie et les États-Unis. C'était le temps où la Russie constituait la dernière grande réserve de toute la réaction européenne, où les États-Unis absorbaient par l'immigration l'excédent des forces du prolétariat d'Europe. Ces deux pays la fournissaient en matières premières et étaient en même temps des débouchés pour ses produits industriels. Ils étaient donc tous deux à l'époque, de l'une ou l'autre manière, des piliers de l'ordre établi en Europe.

Comme les choses ont changé aujourd'hui ! C'est précisément l'immigration européenne qui a permis à l'Amérique du Nord une production agricole gigantesque, dont la concurrence ébranle jusque dans ses bases la propriété foncière — petite ou grande — en Europe. Elle a en outre mis les États-Unis à même d'exploiter leurs énormes ressources industrielles avec une énergie et à une échelle qui d'ici peu doit briser l'ancien monopole industriel de l'Europe occidentale, et en particulier de l'Angleterre. Ces deux circonstances exercent à leur tour une action révolutionnaire sur l'Amérique elle-même. La propriété foncière petite et moyenne des *farmers*, base de toute la constitution politique, succombe peu à peu à la concurrence des fermes géantes ; dans les districts industriels on voit se développer simultanément pour la première fois des masses prolétariennes et une concentration fabuleuse des capitaux.

Et maintenant la Russie ! Pendant la révolution de 1848-1849, non seulement les princes européens, mais les bourgeois d'Europe trouvaient dans l'intervention russe leur seule sauvegarde contre le prolétariat qui commençait tout juste à s'éveiller. Le tsar fut proclamé le chef de la réaction européenne. Aujourd'hui il est le prisonnier de la révolution au château de Gatchina[57] et la Russie constitue l'avant-garde de l'action révolutionnaire en Europe.

Le « Manifeste communiste » avait pour tâche de proclamer la dissolution inévitable et imminente de la propriété bourgeoise moderne. Mais en Russie, face à la filouterie capitaliste qui prospère à grande allure et à la propriété foncière bourgeoise qui en est tout juste aux débuts de son développement, nous trouvons que plus de la moitié du sol appartient en commun aux paysans. La question est alors : bien que fortement minée, l'obchtchina russe, cette forme de l'antique possession en commun du sol, peut-elle passer directement à la forme supérieure de la propriété collective communiste ? Ou bien doit-elle à l'inverse parcourir d'abord le même processus de dissolution qui caractérise le développement historique de l'Occident ?

La seule réponse possible aujourd'hui à cette question, la voici : si la révolution russe marque le signal d'une révolution prolétarienne en Occident, de sorte qu'elles se complètent mutuellement, l'actuelle propriété en commun du sol en Russie peut servir de point de départ à une évolution communiste.

Londres, 21 janvier 1882.

Karl M<small>ARX</small> *Friedrich* E<small>NGELS</small>

III. Préface à l'édition allemande de 1883

Il me faut malheureusement signer seul la préface de cette édition. Marx, l'homme auquel toute la classe ouvrière d'Europe et d'Amérique doit plus qu'à tout autre — Marx repose au cimetière de Highgate et sur sa tombe verdit déjà le premier gazon. Depuis sa mort, il ne saurait moins que jamais être question de remanier ou de compléter le « Manifeste ». Je tiens pour d'autant plus nécessaire d'établir expressément ici une fois de plus ce qui suit.

L'idée fondamentale qui sous-tend tout le « Manifeste » est celle-ci : la production économique et la structure sociale de chaque époque historique qui en est le résultat nécessaire constituent la base de l'histoire politique et intellectuelle de cette époque ; en conséquence (depuis la dissolution de l'antique possession en commun du sol) l'histoire entière a été une histoire de luttes de classes, luttes entre classes exploitées et classes exploiteuses, entre classes dominées et classes dominantes aux divers stades du développement social ; mais cette lutte a atteint maintenant un niveau tel que la classe exploitée et opprimée (le prolétariat) ne peut plus s'émanciper de la classe qui l'exploite et qui l'opprime (la bourgeoisie) sans libérer en même temps et à tout jamais la société entière de l'exploitation, de l'oppression et des luttes

de classes. Cette idée fondamentale appartient uniquement et exclusivement à Marx*.

Je l'ai souvent déclaré; mais en ce moment précis,
il est nécessaire que cela soit dit aussi en tête du
« Manifeste ».

Londres, 28 juin 1883.

Friedrich ENGELS

---

* « Cette idée », ai-je dit dans la préface de la traduction
anglaise, « qui selon moi, est appelée à être pour la science historique la base des mêmes progrès que la théorie de Darwin pour les
sciences naturelles » — cette idée, nous nous en étions rapprochés
progressivement tous deux plusieurs années déjà avant 1845. Ma
« Situation de la classe laborieuse en Angleterre » montre jusqu'où,
j'étais allé par moi-même dans cette direction. Mais lorsque au
printemps 1845 je retrouvai Marx à Bruxelles, il en avait achevé
l'élaboration et me l'exposa dans des termes presque aussi nets que
ceux dans lesquels je l'ai résumée ci-dessus *(1890)*.

IV. Préface à l'édition anglaise de 1888[58]

Le « Manifeste » a été publié comme plate-forme de la « Ligue des communistes », association de travailleurs d'abord exclusivement allemande, puis internationale, et inévitablement, dans les conditions politiques qui régnaient sur le continent avant 1848, société secrète. Au Congrès de la Ligue, tenu à Londres en novembre 1847, Marx et Engels furent chargés de préparer la publication d'un programme théorique et pratique complet du parti. Rédigé en allemand, en janvier 1848, le manuscrit fut envoyé à l'imprimeur à Londres quelques semaines avant la révolution française du 24 février. Une traduction française sortit à Paris peu avant l'insurrection de juin 1848[59]. La première traduction anglaise par Miss Helen Macfarlane a paru à Londres en 1850 dans le *Red Republican* de George Julian Harney[60]. Une édition danoise[61] et une édition polonaise[62] ont également été publiées.

La défaite de l'insurrection parisienne de juin 1848 — première grande bataille entre le prolétariat et la bourgeoisie — a rejeté pour un temps au second plan les aspirations politiques et sociales de la classe ouvrière européenne. Dès lors, la lutte pour la suprématie s'est déroulée à nouveau, comme avant la Révolution de Février, seulement entre différentes fractions de la classe possédante; la classe ouvrière fut réduite à lutter pour avoir politiquement les coudées franches et à se situer à l'aile extrême de la bourgeoisie radicale. Partout où des mouvements prolétariens indépendants continuaient à donner des signes de vie, ils furent impitoyablement abattus. C'est ainsi que la police prussienne découvrit le Comité central de la Ligue des communistes, qui avait alors son siège à Cologne. Ses membres furent arrêtés et après dix-huit mois de prison ils furent jugés en octobre 1852. Ce fameux « Procès des communistes à Cologne » dura du 4 octobre au 12 novembre ; sept des accusés furent condamnés à des peines de réclusion allant de trois à six ans. Aussitôt après le jugement, la Ligue fut formellement dissoute par les membres restants. Quant au « Manifeste », il semblait dès lors condamné à l'oubli.

Lorsque la classe ouvrière européenne eut retrouvé suffisamment de force pour une nouvelle attaque contre les classes dirigeantes, naquit l'Association internationale des travailleurs. Mais cette association constituée en se fixant expressément pour but de ressouder en un seul corps l'ensemble du prolétariat militant d'Europe et d'Amérique, ne pouvait proclamer immédiatement les principes consignés dans le « Manifeste ». L'Internationale devait avoir un programme assez large pour être accepté par les Trade Unions anglaises, par les disciples de Proudhon en France, en Belgique, en Italie et en Espagne, et par les Lassalliens* en Allemagne. Marx, qui rédigea ce programme à la satisfaction de tous les partis, avait entièrement confiance dans le développement intellectuel de la classe ouvrière qui ne pouvait manquer de résulter de l'action unie et de la discussion commune. Les épisodes et les vicissitudes mêmes de la lutte contre le capital, les défaites plus encore que les

---

* Personnellement, Lassalle s'est toujours reconnu à notre égard comme un disciple de Marx et comme tel il se plaçait sur le terrain du « Manifeste ». Toutefois, dans son agitation publique, en 1862-1864, il n'alla pas au-delà de la revendication des coopératives de production soutenues par des crédits d'État.

victoires devaient inévitablement amener les gens à
prendre conscience de l'insuffisance de leurs panacées favorites et ouvrir la voie à une compréhension
des conditions véritables de l'émancipation de la
classe ouvrière. Et Marx a eu raison. En se dissolvant
en 1874[63], l'Internationale laissait les ouvriers dans
un état tout différent de celui où elle les avait trouvés
en 1864. Le proudhonisme en France et le lassal-
lisme en Allemagne étaient sur leur déclin et même
les conservatrices Trade Unions anglaises, bien que
la plupart d'entre elles aient depuis longtemps rompu
leurs liens avec l'Internationale, s'approchaient peu à
peu du point où, l'an dernier à Swansea, leur président pouvait dire en leur nom : « Le socialisme du
continent ne nous fait plus peur[64]. » De fait : les
principes du « Manifeste » avaient fait des progrès
considérables parmi les travailleurs de tous les pays.

C'est ainsi que le « Manifeste » lui-même revint au
premier plan. Le texte allemand avait été, depuis
1850, réimprimé plusieurs fois[65] en Suisse, en
Angleterre et en Amérique. En 1872 il fut traduit en
anglais à New York et publié dans *Woodhull and Claflin's Weekly*[66]. A partir de cette version anglaise, on
en fit une française dans *Le Socialiste* de New York[67].
Depuis, il est sorti en Amérique au moins deux nouvelles traductions anglaises plus ou moins tronquées,
dont l'une a été reproduite en Angleterre[68]. La première traduction russe, établie par Bakounine, a été
publiée à l'imprimerie du *Kolokol* de Herzen à
Genève, vers 1863[69] ; une seconde, par l'héroïque
Vera Zassoulitch[70], également à Genève en 1882.
On peut trouver une nouvelle édition en danois dans
la *Socialdemokratisk Bibliotek*, Copenhague 1885[71],
une nouvelle traduction française dans *Le Socialiste*,
Paris 1885[72]. A partir de celle-ci, une version espagnole a été préparée et publiée à Madrid en 1886[73].
On ne compte plus le nombre des réimpressions en
allemand, il y en a eu au moins douze en tout[74]. Une
traduction en arménien sur le point d'être publiée à
Constantinople il y a quelques mois n'a pas vu le

jour, m'a-t-on dit, parce que l'éditeur a eu peur de
sortir un livre portant le nom de Marx et que le traducteur a refusé de s'en dire l'auteur. J'ai entendu
parler d'autres traductions en d'autres langues, mais
je ne les ai pas vues. Ainsi l'histoire du « Manifeste »
reflète dans une large mesure celle du mouvement
ouvrier moderne; à l'heure actuelle il est sans aucun
doute l'œuvre la plus répandue, la plus internationale
de toute la littérature socialiste, la plate-forme commune reconnue par des millions de travailleurs de la
Sibérie à la Californie.

Pourtant, quand il fut écrit, nous n'aurions pas pu
l'appeler un Manifeste *socialiste*. On entendait en
1847 par socialistes, d'une part les adeptes de divers
systèmes utopiques, les disciples d'Owen en Angleterre, de Fourier en France, les uns et les autres déjà
réduits à l'état de simples sectes et s'éteignant gra-
duellement, d'autre part, les charlataneries sociales
les plus variées qui, à l'aide de toutes sortes d'expé-
dients, sans aucun danger pour le capital et le profit,
prétendaient redresser les injustices sociales de toute
nature; dans les deux cas, des hommes en dehors du
mouvement ouvrier et cherchant plutôt le soutien des
classes « cultivées ». Toute fraction de la classe
ouvrière qui s'était convaincue de l'insuffisance de
révolutions purement politiques et avait proclamé la
nécessité d'un changement total de la société se disait
communiste. C'était un type de communisme grossier, à peine dégrossi, purement instinctif; cependant
il allait à l'essentiel et eut assez de force parmi la
classe ouvrière pour donner naissance au communisme utopique, en France celui de Cabet, en Allemagne celui de Weitling. Ainsi, en 1847, le socialisme était un mouvement bourgeois, le communisme un mouvement de la classe ouvrière. Le
socialisme était, sur le continent du moins, « présentable »; pour le communisme c'était exactement le
contraire. Et comme dès le début nous pensions que
« l'émancipation de la classe ouvrière doit être
l'œuvre de la classe ouvrière elle-même »[75], il ne

pouvait y avoir de doute sur le nom que nous devions choisir. En outre, depuis lors, il ne nous est pas venu un instant à l'esprit de le répudier.

Le « Manifeste » étant notre œuvre commune, il est de mon devoir de déclarer que l'idée fondamentale qui en constitue le noyau appartient à Marx. La voici : à toute époque historique, le mode de production économique et d'échange prédominant et le régime social qui en est le résultat nécessaire constituent la base sur laquelle s'édifie, et à partir de laquelle seule peut s'expliquer, l'histoire politique et intellectuelle de cette époque; en conséquence (depuis la dissolution de la société tribale primitive possédant le sol en commun) toute l'histoire de l'humanité a été une histoire de luttes de classes, luttes entre classes exploiteuses et classes exploitées, entre classes dirigeantes et classes opprimées; l'histoire de ces luttes de classe constitue un développement dans lequel est atteint aujourd'hui un stade où la classe exploitée et opprimée — le prolétariat — ne peut se libérer du joug de la classe exploiteuse et dirigeante — la bourgeoisie — sans en même temps émanciper une fois pour toutes la société dans son ensemble de toute exploitation, de toute oppression, de toutes les distinctions et de toutes les luttes de classes.

Cette idée qui, selon moi, est appelée à faire pour l'histoire ce que la théorie de Darwin a fait pour la biologie, nous nous en étions rapprochés progressivement tous deux plusieurs années avant 1845. Ma « Situation de la classe laborieuse en Angleterre » montre le mieux jusqu'où, par moi-même, j'avais progressé dans cette direction. Mais lorsque au printemps de 1845 je retrouvai Marx à Bruxelles, il en avait achevé l'élaboration et me l'exposa dans des termes presque aussi clairs que ceux dans lesquels je viens de l'exposer.

De notre préface commune à l'édition allemande de 1872, je citerai les termes suivants :

« Bien que la situation ait beaucoup changé au

cours des vingt-cinq dernières années, les principes généraux développés dans ce « Manifeste » conservent dans l'ensemble aujourd'hui encore toute leur justesse. On pourrait améliorer ici et là quelque détail. L'application de ces principes, le « Manifeste » le déclare lui-même, dépendra partout et toujours des circonstances historiques données, et c'est pour-quoi on n'insiste pas spécialement sur les mesures révolutionnaires proposées à la fin de la Section II. A bien des égards, ce passage serait aujourd'hui rédigé autrement. Étant donné les pas de géant faits par l'industrie moderne depuis 1848, le renforcement et l'extension parallèles de l'organisation de la classe ouvrière, étant donné l'expérience pratique acquise, d'abord dans la Révolution de Février et bien plus encore avec la Commune de Paris, où le prolétariat a détenu pour la première fois pendant deux mois le pouvoir politique, ce programme est aujourd'hui périmé sur certains points. En particulier la Com-mune a apporté la preuve que « la classe ouvrière ne peut pas se contenter de prendre telle quelle la machine de l'État et de la faire fonctionner pour ses propres fins[76]. » (Voir « *The Civil War in France : Address of the General Council of the International Wor-king Men's Association* », London, Truelove, 1871, p. 15, où ce point est plus longuement développé.) En outre il va de soi que la critique de la littérature socialiste est aujourd'hui incomplète, car elle ne va que jusqu'en 1847 ; il en va de même des remarques sur la position des communistes à l'égard des diffé-rents partis d'opposition (Section IV) ; si dans leurs traits fondamentaux elles restent justes aujourd'hui encore, elles sont périmées dans la pratique du simple fait que la situation politique a complètement changé et que l'histoire a fait disparaître la plupart des partis politiques qui y sont énumérés.

« Cependant le "Manifeste" est devenu un docu-ment historique et nous ne nous reconnaissons plus le droit d'y rien changer. »

La présente traduction est de M. Samuel Moore, le traducteur de la plus grande partie du *Capital* de Marx. Nous l'avons revue en commun et j'y ai ajouté quelques notes pour expliquer des allusions historiques.

Londres, 30 janvier 1888.

Friedrich ENGELS

V. Préface à l'édition allemande de 1890

Depuis qu'ont été écrites les lignes qui précèdent[77], une nouvelle édition allemande du « Manifeste » est devenue nécessaire, et il s'est passé aussi avec le « Manifeste » toutes sortes de choses qu'il convient de mentionner ici.

Une seconde traduction russe — de Vera Zassoulitch[78] — a paru en 1882 à Genève ; Marx et moi en avons rédigé la préface. J'ai malheureusement égaré le manuscrit original, il me faut donc retraduire du russe, et le travail n'y gagne nullement. En voici le texte : [...][1].

Une nouvelle traduction polonaise a paru à la même époque à Genève : « *Manifest Kommunistyczny* »[79].

Il est paru en outre une nouvelle traduction danoise dans la *Socialdemokratisk Bibliotek,* Copenhague 1885[80]. Elle n'est malheureusement pas tout à fait complète ; quelques passages essentiels qui semblent avoir fait difficulté au traducteur sont omis et l'on y remarque aussi çà et là des traces de négligence qui frappent d'autant plus désagréablement que l'on voit bien à son travail qu'avec un peu plus de soin il aurait pu être excellent.

En 1886 une nouvelle traduction française a paru

---

1. Cf. *supra* la préface à l'édition russe p. 128 sq.

dans *Le Socialiste* à Paris ; elle est la meilleure actuel-
lement publiée[81].

A partir de celle-ci une traduction espagnole a été
publiée, d'abord dans *El Socialista* de Madrid puis en
brochure : « *Manifiesto del Partido Comunista* » por
Carlos Marx y F. Engels, Madrid, Administración de
El Socialista, Hermán Cortès 8[82].

A titre de curiosité, je mentionnerai encore qu'en
1887 le manuscrit d'une traduction arménienne a été
proposé à un éditeur de Constantinople ; le bon-
homme n'eut cependant pas le courage d'imprimer
quelque chose qui portait le nom de Marx et estima
qu'il valait mieux que le traducteur s'en dise l'auteur,
ce que celui-ci a toutefois refusé.

Après que tantôt l'une, tantôt l'autre des traductions américaines plus ou moins inexactes aient été
plusieurs fois réimprimées en Angleterre, une traduction authentique a enfin paru en 1888. Elle est de
mon ami Samuel Moore et nous l'avons encore une
fois revue tous deux ensemble avant l'impression.
Elle a pour titre : « *Manifesto of the Communist Party* »
by Karl Marx and Frederick Engels. Authorized
English Translation, edited and annotated by Frederick Engels, 1888. London, William Reeves,
185 Fleet St. E.C. J'ai repris quelques-unes des notes
de cette édition dans celle que voici[83].

Le « Manifeste » a eu une carrière à lui. Salué avec
enthousiasme au moment de sa parution par l'avant-
garde alors encore peu nombreuse du socialisme
scientifique (comme le prouvent les traductions
citées dans la première préface), il fut bientôt
repoussé à l'arrière-plan par la réaction qui
commença avec la défaite des ouvriers parisiens en
juin 1848 et en fin de compte mis au ban « de par la
loi » par la condamnation des communistes à
Cologne en novembre 1852. Avec la disparition de la
scène publique du mouvement ouvrier datant de la
Révolution de Février, le « Manifeste » passa aussi à
l'arrière-plan.

Lorsque la classe ouvrière européenne eut retrouvé

suffisamment de force pour tenter un nouvel assaut
contre la puissance de la classe dominante naquit
l'Association Internationale des Travailleurs. Elle
avait pour but de fondre en *un seul* grand corps
d'armée l'ensemble de la classe ouvrière combative
d'Europe et d'Amérique. Elle ne pouvait donc pas
partir des principes consignés dans le « Manifeste ». Il
lui fallait un programme qui ne fermât pas la porte
aux Trade Unions anglaises, aux proudhoniens français, belges, italiens et espagnols et aux lassalliens
allemands★. Ce programme — le préambule des statuts de l'Internationale — fut tracé par Marx avec
une maîtrise reconnue même par Bakounine et les
anarchistes. Pour la victoire finale des principes établis dans le « Manifeste », Marx s'en remettait purement et simplement au développement intellectuel
de la classe ouvrière, tel qu'il devait nécessairement
résulter de l'action unie et de la discussion. Les épisodes et les vicissitudes de la lutte contre le capital,
les défaites plus encore que les succès ne pouvaient
manquer de faire apparaître aux combattants l'insuffisance des panacées qu'ils préconisaient jusque-là et
de préparer leurs esprits à comprendre à fond les
conditions vraies de l'émancipation des travailleurs.
Et Marx a eu raison. La classe ouvrière de 1874, lors
de la dissolution de l'Internationale[84], était tout
autre que l'avait été celle de 1864, lors de sa fondation. Le proudhonisme dans les pays latins, le lassal-
lisme spécifique à l'Allemagne étaient à l'agonie et
même les très conservatrices Trade Unions anglaises
d'alors s'approchaient peu à peu du point, où, en
1887, le président de leur congrès pouvait déclarer en
leur nom à Swansea : « Le socialisme du continent ne

★ Personnellement, Lassalle se proclamait toujours vis-à-vis de
nous « disciple » de Marx et comme tel se plaçait évidemment sur
le terrain du « Manifeste ». Il en allait autrement avec ceux de ses
adeptes qui n'allaient pas au-delà de sa revendication de coopératives de production soutenues par les crédits de l'État et divisaient
toute la classe ouvrière en deux : ceux qui comptent sur l'aide de
l'État et ceux qui ne comptent que sur eux-mêmes.

nous fait plus peur[85]. Or le socialisme du continent, dès 1887, ce n'était à peu près plus que la théorie proclamée dans le « Manifeste ». Et ainsi l'histoire du « Manifeste » reflète jusqu'à un certain point celle du mouvement ouvrier moderne depuis 1848. Il est aujourd'hui sans aucun doute le produit le plus largement répandu, le plus international de toute la littérature socialiste, le programme commun de millions et de millions d'ouvriers de tous les pays, de la Sibérie à la Californie.

Et pourtant, lorsqu'il a paru, nous n'aurions pas eu le droit de l'appeler « Manifeste *socialiste* ». En 1847 on entendait par socialistes deux espèces de gens. D'une part les adeptes des divers systèmes utopiques, en particulier les partisans d'Owen en Angleterre et les fouriéristes en France, qui, à l'époque déjà, étaient les uns et les autres réduits à l'état de simples sectes s'éteignant progressivement. D'autre part toute la multiplicité des charlatans sociaux qui avec leurs diverses panacées et toute sorte de rafistolages voulaient éliminer les anomalies sociales sans faire le moindre mal au capital et au profit. Dans l'un et l'autre cas : des gens en dehors du mouvement ouvrier et cherchant plutôt le soutien des classes « cultivées ». Par contre, cette partie des ouvriers qui, convaincue de l'insuffisance de simples bouleversements politiques, exigeait que la société fût réorganisée de fond en comble, cette fraction se disait alors *communiste*. C'était un communisme à peine dégrossi, seulement instinctif, parfois un peu grossier ; mais il eut assez de force pour donner naissance à deux systèmes de communisme utopique : en France le communisme « icarien » de Cabet, en Allemagne celui de Weitling. Le socialisme signifiait en 1847 un mouvement bourgeois, le communisme un mouvement ouvrier. Le socialisme était, sur le continent du moins, « présentable », pour le communisme c'était exactement le contraire. Et comme, dès ce moment-là, notre avis très catégorique était que « l'émancipation des travailleurs doit être l'œuvre des travailleurs eux-mêmes »[86], nous ne pouvions douter un instant du nom qu'il fallait choisir. Depuis lors il ne nous est jamais venu à l'esprit de le répudier.

« Prolétaires de tous les pays, unissez-vous ! » Un petit nombre de voix seulement a répondu lorsque nous avons lancé cet appel à travers le monde, voilà quarante-deux ans, à la veille de la première révolution parisienne, dans laquelle le prolétariat surgit avec ses propres revendications. Mais le 28 septembre 1864 les prolétaires de la plupart des pays de l'Ouest de l'Europe s'unirent pour former l'Association Internationale des Travailleurs, de glorieuse mémoire. L'Internationale elle-même n'a eu certes que neuf ans de vie [87]. Mais que l'alliance éternelle des prolétaires de tous les pays qu'elle créa soit encore vivante, et plus vigoureuse que jamais, il n'en est pas de meilleur témoin que justement la journée d'aujourd'hui. Car le jour où j'écris ces lignes, le prolétariat d'Europe et d'Amérique passe en revue ses forces de combat mobilisées pour la première fois, mobilisées en *une seule* armée, sous *un seul* drapeau, pour *un seul* but immédiat : la fixation légale de la journée normale de travail de huit heures, proclamée dès 1886 par le congrès de l'Internationale à Genève et proclamée à nouveau par le congrès ouvrier de Paris en 1889. Et le spectacle de cette journée d'aujourd'hui ouvrira les yeux des capitalistes et des seigneurs fonciers de tous les pays sur le fait qu'à l'heure actuelle les prolétaires de tous les pays sont effectivement unis.

Que Marx n'est-il à mes côtés pour voir cela de ses propres yeux !

Londres, 1ᵉʳ mai 1890.

Friedrich Engels

VI. — Préface à la deuxième édition polonaise de 1892[88]

Le fait qu'une nouvelle édition polonaise du « Manifeste communiste » soit devenue nécessaire suggère diverses considérations.

En premier il est remarquable que récemment le « Manifeste » soit devenu en quelque sorte un instrument de mesure du développement de la grande industrie sur le continent européen. Selon que la grande industrie prend de l'extension dans un pays, on voit grandir chez les travailleurs de ce pays le besoin d'être éclairés sur leur situation de classe ouvrière face aux classes possédantes ; le mouvement socialiste se répand parmi eux et le « Manifeste » est de plus en plus demandé, de sorte que l'on peut mesurer assez exactement non seulement l'état du mouvement ouvrier, mais aussi le degré de développement de la grande industrie dans chaque pays au nombre d'exemplaires du « Manifeste » diffusés dans la langue nationale.

En ce sens, la nouvelle édition polonaise marque un progrès décisif de l'industrie polonaise. Et il ne peut faire de doute que depuis la dernière édition parue il y a dix ans, ce progrès s'est effectivement produit. La Pologne russe, la Pologne du Congrès[89], est devenue le grand district industriel de l'Empire russe. Alors que la grande industrie russe est éparpillée de façon sporadique — une partie sur le Golfe de

Finlande, une partie au centre (Moscou et Vladimir), une troisième sur la mer Noire et la mer d'Azov, d'autres encore dispersées ailleurs — la grande industrie polonaise est concentrée sur un espace relativement restreint et connaît les avantages et les inconvénients résultant de cette concentration. Les avantages, les industriels russes concurrents les ont reconnus en réclamant des barrières douanières contre la Pologne malgré leur ardent désir de transformer les Polonais en Russes. Les inconvénients — pour les fabricants polonais et pour le gouvernement russe —, ils apparaissent dans la diffusion rapide des idées socialistes parmi les ouvriers polonais et dans la demande croissante du « Manifeste ».

Mais le rapide développement de l'industrie polonaise, qui a dépassé celui de l'industrie russe, est pour sa part une nouvelle preuve de la force vitale indestructible du peuple polonais et une garantie nouvelle de sa restauration nationale imminente. Or la reconstitution d'une Pologne indépendante et forte est une affaire qui ne concerne pas seulement les Polonais, mais nous tous. Une collaboration internationale sincère de toutes les nations d'Europe n'est possible que si chacune d'elles est parfaitement autonome chez elle. La révolution de 1848 qui, sous l'étendard prolétarien, a seulement en fin de compte fait exécuter à des prolétaires combattants le travail de la bourgeoisie, a réalisé aussi grâce à ses exécuteurs testamentaires Louis Bonaparte et Bismarck l'indépendance de l'Italie, de l'Allemagne, de la Hongrie ; mais la Pologne qui depuis 1792 a plus fait pour la révolution que ces trois pays pris ensemble, on l'a abandonnée à elle-même lorsqu'en 1863 elle a succombé devant la puissance dix fois supérieure des Russes. La noblesse n'a su ni conserver, ni reconquérir l'indépendance de la Pologne ; et aujourd'hui celle-ci est pour le moins indifférente à la bourgeoisie. Et elle est pourtant une nécessité pour la collaboration harmonieuse des nations européennes[90]. Elle ne peut être conquise que par la lutte du jeune prolétariat polonais, et avec lui elle est en bonnes mains. Car les travailleurs de tout le reste de l'Europe ont tout autant besoin de l'indépendance de la Pologne que les ouvriers polonais eux-mêmes.

Londres, 10 février 1892.

Friedrich ENGELS

VII. — Préface à l'édition italienne de 1893[91]

Au lecteur italien

La publication du « Manifeste du Parti communiste » coïncida, presque jour pour jour, avec les révolutions de Milan et de Berlin, le 18 mars 1848, qui
furent les levées de boucliers des deux nations
occupant le centre, l'une du Continent, l'autre de la
Méditerranée, deux nations jusque-là affaiblies par la
division et la discorde à l'intérieur et par conséquent
passées sous la domination étrangère. Si l'Italie était
soumise à l'empereur d'Autriche, l'Allemagne subis-
sait le joug indirect mais non moins effectif du Czar
de toutes les Russies. Les conséquences du 18 mars
1848 ont délivré l'Italie et l'Allemagne de cette
honte ; si, de 1848 à 1871, ces deux grandes nations
ont été reconstituées et en quelque sorte rendues à
elles-mêmes, ce fut, comme disait Karl Marx, parce
que les hommes qui ont abattu la révolution de 1848
en ont été malgré eux-mêmes les exécuteurs testamentaires.

Partout la révolution d'alors fut l'œuvre de la classe
ouvrière ; ce fut elle qui fit les barricades et qui paya
de sa personne. Mais seuls les ouvriers de Paris, en
bouleversant le gouvernement, avaient l'intention
bien déterminée de bouleverser le régime de la bourgeoisie[92]. Mais, aussi profondément[93] conscients
qu'ils étaient de l'antagonisme fatal qui existait entre

leur classe à eux et la bourgeoisie, ni le progrès
économique du pays ni le développement intellectuel
des masses ouvrières françaises n'étaient arrivés au
degré qui aurait rendu possible une reconstruction
sociale. Les fruits de la révolution furent donc cueillis
en dernier lieu par la classe capitaliste. Dans les
autres pays, en Italie, en Allemagne, en Autriche, en
Hongrie, les ouvriers ne firent, d'abord, que porter
au pouvoir la bourgeoisie. Mais le règne de la bourgeoisie dans un pays distinct[94] est impossible sans[95]
indépendance nationale ; la révolution de 1848 devait
donc entraîner l'unité et l'autonomie des nations qui
jusqu'alors en avaient manqué, de l'Italie, de la Hongrie, de l'Allemagne. Celle de la Pologne suivra à son
tour.

Donc, si la révolution de 1848 n'a pas été une
révolution socialiste, elle a aplani la route, elle a préparé le sol pour cette dernière. Par l'élan donné à la
grande industrie dans tous les pays, le régime bourgeois des derniers quarante-cinq ans a créé partout
un prolétariat nombreux, concentré et fort ; il a donc
élevé, suivant l'expression du « Manifeste », ses
propres fossoyeurs. Sans l'autonomie et l'unité rendues à chaque nation européenne, ni l'union internationale du prolétariat, ni la coopération paisible et
intelligente de ces nations vers des buts communs ne
sauraient s'accomplir. Imaginez-vous une action
internationale et commune des ouvriers italiens, hon-
grois, allemands, polonais, russes, dans les conditions
politiques d'avant 1848 !

Ainsi, les batailles de 1848 n'ont pas été livrées en
vain ; les quarante-cinq années qui nous séparent de
cette étape révolutionnaire ne se sont pas passées
pour rien non plus. Les fruits mûrissent, et tout ce
que je désire c'est que la publication de cette traduction italienne du Mf. soit d'aussi bon augure pour la
victoire du prolétariat italien que la publication de
l'original le fut pour la révolution internationale.

Le « Manifeste communiste » rend pleine justice à
l'action révolutionnaire dans le passé du capitalisme.

La première nation capitaliste, c'était l'Italie. Le terme du Moyen Age féodal, le seuil de l'ère capitaliste moderne est marqué par une figure gigantesque[96] de génie[97]. C'est un Italien — le Dante, à la fois le dernier poète du Moyen Age et le premier poète moderne. Aujourd'hui comme en 1300, une nouvelle ère historique se dessine. L'Italie nous produira-t-elle le nouveau Dante qui marquera l'heure de naissance de cette ère prolétarienne?

Londres, 1er février 1893.

Friedrich ENGELS

Annexes

Seule page conservée du brouillon de Marx*

[de la main de Mme Marx]

[prolé]taires, pour le bill des 10 heures sans partager leur
illusion sur les résultats de cette mesure.

[de la main de Marx]

Nous avons d'ailleurs vu :
Les communistes n'établissent pas une théorie nouvelle
de la propriété privée. Ils ne font qu'exprimer le fait historique, que les rapports bourgeois de production et par suite
les rapports bourgeois de propriété ne [sont] plus [adap-
tés][1] au développement des forces sociales de production et
donc [...] et dans la
Mais ne chicanez pas avec nous en mesurant l'abolition
de la propriété bourgeoise à l'aune de vos idées bourgeoises
de liberté, de culture, etc.! Vos idées elles-mêmes sont des
produits des rapports bourgeois de production et de propriété comme votre droit n'est que la volonté de votre
classe érigée en loi. Une volonté dont le contenu est déterminé par les conditions matérielles d'existence de votre
classe[2].
La conception intéressée qui transforme vos rapports de

---

* Cette unique page retrouvée fut donnée par Engels à Bernstein le 12 juin 1883 « en souvenir de Marx ».
1. Marx a barré dans le brouillon « angemessen sind ». Nous
rétablissons le texte entre crochets.
2. Cf. *supra*, p. 96.

production et de propriété, de rapports historiques, transitoires, correspondant à un degré de développement des forces de production qu'ils étaient, en lois éternelles de la nature et de la raison, vous la partagez avec toutes les classes dominantes disparues.

Ce que vous comprenez pour la propriété féodale, vous ne le comprenez plus pour la propriété bourgeoise[1].

Et pourtant vous ne pouvez nier le fait qu'avec le développement de l'industrie, l'unilatéral, sur

Les communistes n'établissent pas une théorie nouvelle de la propriété. Ils expriment un fait. Vous niez les faits les plus péremptoires, vous êtes obligés de les nier. Vous êtes des utopistes tournés vers le passé.

1. Cf. *supra,* p. 96.

Projet de plan de la Section III *

1) Systèmes critiques et utopiques. (Communistes.)
2) [1].

2) Le socialisme réactionnaire : féodal, petit-bourgeois et religieux.
2) Le socialisme bourgeois.
3) Les systèmes littéraires critiques et utopiques. Owen. Cabet, Weitling, Fourier, St. Simon, Babeuf.
4) La littérature directement du parti.
5) La littérature communiste.

3) Le socialisme philosophique allemand [2].

* Ces rubriques sont portées par Marx sur la couverture d'un cahier portant l'indication : Bruxelles, décembre 1847.
1. Ici Marx s'est manifestement arrêté et a repris la rédaction.
2. Cette phrase a été inscrite en marge par Marx qui a ensuite modifié la numérotation 3, 4, 5 en 4, 5, 6.

Extraits de la correspondance
concernant le *Manifeste*

1. *Lettre d'Engels (Paris) à Marx (Bruxelles),*
   25-26 octobre 1847

[...] Chez ceux de Straubingen[98] règne une confusion infernale. Dans les jours qui ont précédé mon arrivée les derniers Grüniens[99] ont été mis à la porte : toute une communauté, mais dont la moitié reviendra. Notre effectif n'est pour l'instant plus que de trente. J'ai aussitôt mis en place une communauté pour la propagande et je cours en tous sens pour rameuter. J'ai été immédiatement élu membre du cercle et ai reçu la correspondance. Il est proposé d'admettre vingt à trente candidats. Nous aurons bientôt reconstitué nos forces. *Tout à fait entre nous,* j'ai joué à Mosi[100] un tour pendable. Il venait de parvenir à faire passer une version édulcorée de la Profession de foi. Vendredi dernier[101] je l'ai décortiquée question après question et je n'étais même pas arrivé à la moitié que les gens se sont déclarés satisfaits[102]. *Sans aucune opposition* je me suis fait mandater pour en rédiger une nouvelle qui sera discutée par le cercle vendredi prochain[103] et envoyée à Londres *à l'insu des communautés.* Il faut bien entendu que pas un rat ne s'en aperçoive, sinon nous serons tous destitués et il y aura un scandale de tous les diables. Born[104] sera prochainement chez vous à Bruxelles; il va à Londres. Peut-être sera-t-il arrivé avant cette lettre. Il traverse la Prusse en descendant le Rhin, ce qui ne manque pas d'audace; espérons qu'il ne se fera pas prendre[105]. Fais-lui la leçon s'il arrive à bon port; parmi tous ce gaillard est le plus acces-

sible à nos vues et il rendra certainement de grands services
à Londres, pour peu qu'il soit encore un peu mis en condition. [...]

Bien à toi
Engels

Paris, le 26 oct. 1847

Lis donc l'article d'O'Connor[106] contre les six feuilles
radicales dans le dernier numéro du *Star*. C'est un chef-
d'œuvre d'invective, génial, globalement meilleur que Cob-
bett et confinant à Shaskespeare. *Quelle mouche a donc piqué
ce pauvre Moses qu'il ne cesse pas d'exposer dans le journal ses
fantaisies sur les suites d'une révolution du prolétariat*[107].

Source : MEGA III, 2a, p. 114 sq.

2. *Lettre d'Engels (Paris) à Marx (Bruxelles), 23-24 novembre 1847*[108]

[...]

Mardi soir

Réfléchis encore un peu à la profession de foi. Je crois
que le mieux que nous puissions faire serait de laisser tomber la forme catéchisme et d'appeler ça : *Manifeste* communiste. Dans la mesure où il faut peu ou prou retracer
une histoire, la forme retenue jusqu'à maintenant ne s'y
prête pas. J'apporte ici en guise de contribution ce que j'ai
écrit — c'est tout simplement narratif, mais dans un style
lamentable, rédigé à la diable. Je commence de la façon suivante : Qu'est-ce que le communisme ? Et juste après
j'aborde le prolétariat — sa genèse, ce qui le distingue des
travailleurs antérieurs, le développement de l'opposition
entre le prolétariat et la bourgeoisie, les crises, les conséquences. Au passage tout une série de questions annexes
et, en conclusion, la politique du parti des communistes
pour autant qu'il importe de la rendre publique[109]. Ce que
je joins n'a pas encore été entièrement approuvé mais mon
intention est, à part quelques détails, de l'imposer en l'état
afin qu'il n'y ait rien qui aille contre nos vues.

Mercredi matin

Je reçois à l'instant ta lettre, à laquelle je réponds par ce
qui précède. Je suis allé chez L. Bl. *[Louis Blanc]*. Il me
porte vraiment la poisse — *il est en voyage, il reviendra* peut-

être *aujourd'hui**. J'y retournerai demain et s'il le faut
après-demain. Mais il ne me sera pas possible d'être vendredi soir à O*[stende]* car l'argent pour le voyage ne sera
réuni que vendredi.

Ton neveu Philips m'a rendu visite ce matin.

Born fera un discours tout à fait comme il faut si tu le
chapitres un peu[110]. C'est une bonne chose que les Allemands soient représentés par un ouvrier. Mais s'il veut
faire impression il faut absolument lui faire surmonter sa
modestie exagérée. Ce brave garçon est l'un des rares que
nous devons pousser sur le devant de la scène. Mais surtout
pas Weerth comme représentant![111] Surtout pas cet individu qui n'a jamais rien fait avant d'être propulsé en avant
par un succès d'un jour lors d'un congrès! Et qui en plus
veut être *independant member*. *Il faut le retenir dans sa
sphère**.

Source : MEGA III, 2a, p. 122.

3. *Lettre d'Engels à Marx (Cologne), Barmen,
   25 avril 1848*

Cher Marx,

   [...]
   Ew.[112] fait traduire le *Manifeste* en italien et en espagnol
et demande qu'on lui envoie 60 fr. qu'il s'engage à verser
aux traducteurs. Encore une de ses histoires. Les traductions seront sûrement bonnes.

   Je travaille à la traduction en anglais et elle présente plus
de difficultés que je croyais. J'en suis quand même à la
moitié et le tout sera bientôt achevé.

   Si un seul exemplaire de nos 17 points avait été diffusé
ici, tout serait perdu pour nous. L'état d'esprit chez les
bourgeois est absolument consternant. Les ouvriers
commencent à bouger, de façon encore primitive mais en
masse. Ils ont immédiatement conclu des coalitions. Cela
ne va pas du tout dans *notre* sens. Le Club politique
d'Elberfeld[113] envoie des motions aux Italiens, il se pro-
nonce pour le suffrage direct mais il refuse toute discussion
sur les questions sociales bien que ces messieurs
reconnaissent entre quatre yeux que ce sont *ces* questions

_____

* En français dans la lettre.

qui sont maintenant à l'ordre du jour, tout en ajoutant qu'il ne faut pas aller plus vite que la musique!

Adios. Donne des nouvelles. As-tu envoyé ta lettre à Paris et a-t-elle eu un effet?

Bien à toi

E.

Source : MEGA III, 2a, p. 153.

4. *Le cercle de Paris à la centrale du* Bund der Kommunisten *à Cologne (Paris, 30 avril 1848)*

Post-scriptum

[...]

Fr[*ère*] Ew[*erbeck*] fait traduire en ce moment même le *Manifeste* en espagnol et en italien mais il lui faut à cette fin 60 francs qu'il demande par la présente à la centrale. En ce qui concerne Heine, il convient de remarquer que le découragement de ce poète miné par la maladie (et qui peut encore végéter longtemps)[114] est proprement scandaleux; il prophétise une deuxième monarchie de Juillet, une époque de réaction en Allemagne; il veut faire des plaisanteries mais elles lui réussissent mal. C'est quand il se moque « des ardeurs guerrières du couple Herwegh à cheval[115] » qu'elles lui réussissent le mieux; il dit que c'est là pour lui un véritable réconfort et il semble considérer le scandale de sa propre affaire d'argent comme *ridicule*★. Il avoue sans ambages avoir reçu régulièrement pendant de longues années ses 400 francs d'aide en tant que *réfugié allemand*★, autant que Don Martinez Rosa. Au demeurant la liste publiée semble bien avoir été falsifiée.

Je signe seul ce courrier, mais dûment mandaté, car il ne faut pas perdre de temps.

Ewerbeck, Président.

Source : MEGA III, 2a, p. 440.

★ En français dans la lettre.

Les éditions
du
Manifeste

1. *Note sur les éditions originales*

— Il existe trois « premières éditions ». La première, destinée à la Ligue des communistes de Londres, fut écrite
selon les déclarations d'Engels entre décembre 1847 et janvier 1848, c'est-à-dire pendant les six semaines qui sui-
virent le deuxième congrès de la Ligue des communistes à
Londres (29 novembre/8 décembre 1847)[1] ; elle parut en
février, peu de jours avant la révolution de février à Paris :
London, Office der Bildungs-Gesellschaft für Arbeiter von
J.E. Burghard (23 pages) ; la deuxième, également chez
Burghard, comptait 30 pages[2] ; la troisième, publiée chez

1. Sur le timing plus que serré de cette corédaction, compte
tenu du fait qu'Engels est resté jusqu'au 17 décembre à Londres,
se rendit ensuite à Paris et ne retourna à Bruxelles que le 31 janvier
1848, voir Theo Stammen, *in* Karl Marx, *Manifest der kommunistischen Partei*, herausgegeben, eingeleitet und kommentiert von Theo
Stammen in Zusammenarbeit mit Ludwig Reichart, München,
Fink, 1978, p. 14 sq. Une lettre du bureau central de Londres au
bureau de Bruxelles datée du 25 janvier 1848 atteste que Schapper, Bauer et Moll, qui la consignent, s'impatientent et mettent
Marx en demeure d'honorer la promesse faite lors du congrès.
Lorsque Engels rejoignit Bruxelles, le 31 janvier 1848, Marx, selon
toute vraisemblance, avait déjà envoyé sa copie à Londres.
2. C'est celle dont est parti Émile Bottigelli dans son édition
française pour les éditions Aubier-Montaigne en 1971, dont la présente édition est une actualisation. Pour ce qui est de l'établisse-
ment du texte, elle reste conforme au travail accompli par É. Bottigelli dont nous tenons, à cette occasion, à honorer la mémoire.

Hirschfeld, 24 pages[3]. Cette troisième « première édition » est contestée car on n'a pu établir l'existence des éditions Hirschfeld à Londres qu'à partir de 1856. La première version de la MEGA reprend l'édition de 30 pages éditée chez Burghard. L'édition des œuvres de Marx et Engels (MEW) s'appuie en revanche sur l'édition allemande publiée par Engels en 1890 (cf. *infra*). Il est important de noter que ces premières éditions, qui entendaient être le programme d'un parti — la *Ligue des communistes* —, ne mentionnent pas les auteurs. *La Neue Rheinische Zeitung — Politisch-ökonomische Revue*, cahier 5/6, mai-octobre 1850 — précisera, lorsqu'elle publiera la troisième section sur « la littérature socialiste et communiste » : « Nous reproduisons ici un extrait du *Manifeste du Parti communiste* écrit par Karl Marx et Friedrich Engels et publié avant la révolution de février [Note de la rédaction]. » C'est dans la première traduction anglaise publiée en 1850 dans le *Red Republican* que le nom des auteurs a été mentionné pour la première fois (cf. *infra*, note 46).

— Réédition en 1872, mentionnant cette fois les noms des deux coauteurs et pour la première fois sous le titre abrégé : *Das kommunistische Manifest* (Neue Ausgabe mit einem Vorwort der Verfasser, Leipzig, Verlag der Expedition des « Volksstaat »). Ce titre abrégé va se maintenir dans les rééditions autorisées du vivant de Marx (qui meurt en 1883) et d'Engels (qui meurt en 1895), donc jusqu'à l'édition de 1894 et à ses retirages (en 1895), tandis que les éditions étrangères, à l'exception de l'édition polonaise de 1892), resteront fidèles au titre long. Il est possible que l'option pour le titre court ne soit pas sans liens avec le destin de la *Ligue des communistes*, qui s'est autodissoute peu de temps après l'échec de la révolution de 1848. Schapper, Willich et Hess, opposés à l'analyse de Marx, finirent par l'emporter ; la rupture se produisit lors du Comité central du 15 septembre 1850. L'*Association internationale des Travailleurs (Internationale Arbeiterassoziation)* créée en 1864 ne sera pas un parti *stricto sensu*.

Liebknecht avait pressé Engels de préparer cette réédition dans les meilleurs délais. A quoi Engels répondit : « Tirer de ma manche et vous envoyer une introduction pour le *Manifeste* n'est pas possible. Cela requiert des études sur la littérature socialiste des vingt-quatre dernières années, afin de mettre la troisième section à jour. Il faut

3. Hermann Weber a publié en 1966 un fac-similé de l'édition Burghard de 1848 (cf. Bibliographie).

remettre ce travail à une édition ultérieure, mais nous allons vous envoyer une petite "préface" pour une impression séparée et cela suffira dans l'immédiat » (MEW, t. 33, p. 451).

— *Das Kommunistische Manifest*, 3. autorisierte deutsche Ausgabe. Mit Vorworten der Verfasser. Hottingen-Zürich, Verlag der Schweizerischen Volksbuchhandlung, 1883. Repose sur le texte de l'édition de 1872. Contient la préface de Marx et Engels datée du 24 juin 1872, ainsi que la préface rédigée par Engels pour cette réédition et datée de Londres, le 28 juin 1883. Un retirage non numéroté a lieu en 1884.

— *Das Kommunistische Manifest*, 4. autorisierte deutsche Ausgabe. Mit einem neuen Vorwort von Friedrich Engels, London, German Cooperative Publishing Co, 1890. Les matrices de cette édition serviront à imprimer toutes les éditions allemandes ultérieures jusqu'en 1909. La quatrième édition de 1890 est basée sur le texte de celle de 1883. La plupart des éditions et traductions prennent également pour base cette édition. Engels y a ajouté cinq notes ainsi qu'une retraduction de la préface qu'il avait rédigée avec Marx en 1882 pour la deuxième édition russe (dont la traduction avait été réalisée par Plékhanov). C'est la version publiée dans l'édition des œuvres de Marx et Engels (MEW, Dietz Verlag, Berlin, t. 4, p. 459 sq.). Cf. Eduard Bernstein : « Eine Neu-Auflage des Kommunistischen Manifestes », éditorial de *Der Sozialdemokrat*, London, 1890, n° 33, 16 août.

— *Das Kommunistische Manifest*, 5. autorisierte deutsche Ausgabe. Mit Vorreden von Karl Marx und Friedrich Engels, Berlin, Verlag der Expedition des « Vorwärts », Berliner Volksblatt, 1891. Tirage : 10 000 exemplaires.

— Retirage de la quatrième édition en 1894 en annexe à Wilhelm Liebknecht : *Der Hochverraths-Prozeß wider Liebknecht, Bebel, Hepner vor dem Schwurgericht zu Leipzig vom 11. bis 26. März 1872* (Berlin, Verlag der Expedition des « Vorwärts », 944 pages). Tirage : 8 000 exemplaires.

— *Das Kommunistische Manifest*, 6. autorisierte deutsche Ausgabe. Mit Vorreden von Karl Marx und Friedrich Engels, Berlin, Verlag der Expedition des « Vorwärts », 1894 (2 000 exemplaires).

— Retirage non numéroté la même année (2 000 exemplaires).

— Deux retirages en 1895 (chacun de 2 000 exemplaires, le deuxième n'était pas numéroté).

— Karl Marx, Friedrich Engels : *Das Kommunistische Manifest.* Mit einem neuen Nachwort von Friedrich Engels, Hamburg, Buchdruckerei und Verlag Anst. Auer, 1895. Réédition de l'édition de 1891.

[G.R.]

2. *Les traductions françaises du* Manifeste

A la fin du préambule Marx et Engels annonçaient que le *Manifeste* était traduit dans plusieurs langues, notamment en français. Cette indication des auteurs, supprimée et sans doute avec leur autorisation dans le *Red Republican*, qui publia en 1850 la traduction anglaise d'Helen Macfarlane, mais reprise par eux dans toutes les éditions dont ils assurèrent la publication, a posé un problème à la recherche. Étant donné qu'il n'y a sans doute eu qu'un manuscrit qui est allé directement à l'impression, les traducteurs éventuels n'auraient pu travailler que sur un exemplaire déjà imprimé. Il est probable que Marx et Engels reprenaient là une résolution du congrès de la Ligue des communistes qui n'a, étant donné les événements, jamais pu passer dans les faits. La seule traduction de 1848 retrouvée est une traduction suédoise et elle n'est pas annoncée dans le préambule.

Il en a été de même de la traduction française. Ce n'est pas que les efforts aient manqué, ce qui est compréhensible, car les communautés communistes de Paris étaient assez nombreuses. En réalité une traduction a été entreprise par Victor Tedesco, lui-même membre de la Ligue, ami des auteurs et qui avait assisté au congrès de décembre. Le manuscrit en aurait été saisi chez lui à Liège, lors de son arrestation en mars 1848. Il n'a en tout cas pas été retrouvé, pas plus qu'un exemplaire imprimé d'après ce manuscrit. L'affirmation selon laquelle la traduction française aurait paru juste avant l'insurrection de juin ne s'est pas trouvée confirmée.

Le 14 novembre 1848, Marx chargea Hermann Ewerbeck à Paris de la préparation d'une traduction française. Elle fut confiée à Charles Paya et aurait été terminée vers la fin de février 1849. Mais elle n'a pas paru. Il en va de même d'une traduction entreprise à Genève en septembre 1851 par le journaliste russe N.I. Sazonov.

La première traduction française a paru en réalité de janvier à mars 1872 dans *Le Socialiste* de New York. Elle ne comportait que les Sections I et II et avait été faite d'après la traduction anglaise d'Helen Macfarlane reprise en 1871 dans le *Woodhull and Claflin's Weekly*. Bien qu'il ne la jugeât pas bonne, Engels s'en fit envoyer cinquante exemplaires par Sorge. C'est cette version revue qui servit de base à la traduction espagnole que Mesa publia en novembre dans *La Emancipación*.

Il faudra attendre la renaissance du mouvement ouvrier en France et l'existence d'un organe, *Le Socialiste*, pour que paraisse ce qu'on peut appeler vraiment la première traduction en France, puisqu'elle fut la première à y être diffusée. C'est au début de 1883 qu'une Russe, Mme Barbe Gendre (Mme Nikitine) l'avait entreprise. Elle demanda même par l'intermédiaire de Paul Lafargue une introduction à Engels. Celui-ci exigea de revoir la traduction, mais pour des raisons inconnues, Mme Gendre abandonna son projet. La rédaction du *Socialiste* chargea alors un membre du parti, Lavigne, d'établir une traduction. Mais son travail fut jugé insuffisant et, en fin de compte, c'est Laura Lafargue, la seconde fille de Marx, qui s'en chargea. Le *Manifeste* parut du 29 août 1885 au 7 novembre dans l'hebdomadaire du Parti ouvrier. Une brochure prévue n'a, semble-t-il, jamais été publiée.

Engels n'avait sans doute pas reçu avant l'impression la traduction de Laura, car il semble qu'il lui ait fait quelques remarques dans une lettre aujourd'hui perdue, remarques auxquelles Laura répondit sur un ton assez vexé le 23 octobre 1885. La version du *Socialiste* fut reprise la même année dans la presse de province du parti. On en trouve une version améliorée en 1886 dans le livre de Mermeix : *La France socialiste*. Il est probable qu'Engels avait revu la traduction qu'il qualifie dans la préface à l'édition allemande de 1890 de « meilleure parue jusqu'ici ». Bert Andréas a établi dans sa bibliographie du *Manifeste* une comparaison minutieuse entre les trois versions de cette traduction, dont la troisième devait paraître dans l'*Ère Nouvelle* en 1894. Il est piquant de noter qu'il a dénombré entre le texte de 1885 et celui de 1886 cent vingt-sept corrections et qu'entre ce dernier et celui de 1894 il y a encore soixante modifications ! Cependant entre 1885 et 1912 elle fut reprise seize fois dans diverses éditions et a servi de base à cinq traductions dans d'autres langues. C'est certainement, avec l'édition allemande, le texte qui a le plus contribué à la diffusion du *Manifeste*.

En 1901 Charles Andler donnait dans la *Bibliothèque socialiste* une nouvelle traduction, dont il avait numéroté chaque paragraphe. Il faut malheureusement dire que cette traduction est mauvaise, et l'on peut se demander, car il était un grand germaniste, s'il en est véritablement l'auteur. On trouvera dans la consciencieuse traduction de Molitor publiée chez Costes en 1953 la nomenclature des divergences de son texte avec celui d'Andler et de Laura Lafargue.

Après la Première Guerre mondiale, c'est le texte de Laura Lafargue qui sert encore de base aux éditions françaises. Elles sont cette fois « sérieusement revues » par Amédée Dunois et paraissent successivement en 1922, 1925, 1933 et 1944. C'est seulement au moment du centenaire du *Manifeste* que, fidèle à la politique d'édition que j'essayais de faire triompher, je repris la traduction de Laura Lafargue en y apportant tant de modifications qu'elle peut être considérée comme une traduction nouvelle. Cela ne m'a pas empêché de laisser passer encore un certain nombre d'erreurs. Elle fut publiée dans l'édition dite du Centenaire ainsi qu'en annexe aux *Briseurs de chaînes* de Jean Fréville.

Mentionnons pour mémoire la traduction qu'a donnée Maximilien Rubel en 1963 dans son édition des *Œuvres de Marx* dans la Bibliothèque de La Pléiade. On ne peut guère dire qu'elle constitue un texte de référence.

[E.B.]

NOTES

Les notes ci-après, rédigées pour la présente réédition, intègrent celles dont Émile Bottigelli avait doté son édition de 1971. Elles se gardent de proposer une *interprétation* du *Manifeste*, comme le fait par exemple Theo Stammen dans son édition (Karl Marx : *Manifest der kommunistischen Partei*, herausgegeben, eingeleitet und kommentiert von Theo Stammen in Zusammenarbeit mit Ludwig Reichart, München, Fink, 1978) en recourant à notre sens abusivement à un éclairage par l'œuvre ultérieure de Marx — même si cet éclairage a par ailleurs le mérite de faire ressortir l'importance décisive du *Manifeste* dans la maturation et la « codification » des conceptions fondamentales du marxisme.

1. « Un spectre hante l'Europe » : l'expression se retrouve de fait dans la littérature de l'époque. Cf. le *Staats-Lexikon* de Rotteck-Welcker, article « Communismus » : « Depuis peu d'années il est question en Allemagne du communisme et déjà il est devenu un spectre menaçant que les uns redoutent tandis que les autres s'en servent pour inspirer la peur » (t. 3, 2ᵉ éd., 1846, p. 290). Cf. aussi Lorenz von Stein, *Der Socialismus und Communismus des heutigen Frankreichs — Ein Beitrag zur Zeitgeschichte* (2ᵉ éd., 1848, t. I, p. 4) : « Le communisme, un spectre sinistre et menaçant à la réalité duquel personne ne veut croire mais dont tout un chacun reconnaît et redoute pourtant l'existence. »

2. « Une alliance sacrée pour traquer ce spectre » (*heilige Hetzjagd*) : allusion à la Sainte-Alliance conclue le 26 septembre 1815 entre la Russie, l'Autriche et la Prusse. Tous les États allemands vivaient à la veille de la révolution de 1848 sous la férule de la Sainte-Alliance.

3. « Le pape » : Pie IX (pape de 1846 à 1878), qui, dans l'encyclique *Qui pluribus* du 9 novembre 1846, l'année même de son accession à la charge pontificale, avait condamné le communisme. Il renouvellera sa condamnation le 8 décembre 1864 dans l'encyclique *Quanta cura*.

4. « Le tsar » : Nicolas Ier (tsar de 1825 à 1855) qui a notamment réprimé l'insurrection polonaise de 1831.

5. Guizot : la politique conservatrice du professeur protestant nimois François Guizot (1787-1874), chef du gouvernement (président du conseil) en 1847-1848 mais déjà influent dans l'ombre depuis 1840 (date de son accession au ministère des Affaires étrangères), est généralement tenue pour en partie responsable de la révolution de 1848. Habile politique, Guizot n'a pas vu le divorce entre le pays légal (la Chambre) et le pays réel ; il a cru maîtriser l'opposition (qui allait des légitimistes et des bonapartistes aux socialistes comme Louis Blanc en passant par la bourgeoisie radicale — « Tous en veulent au maître d'école », dit Heine) et l'a poussée dans la rue ; il fut contraint à la démission par les barricades du 23 février.

6. « Les radicaux de France » : un quarteron de républicains qui ont pour chefs de file Garnier-Pagès puis Ledru-Rollin (cf. *infra* notes 29 et 39) et pour organe *Le National* et *La Réforme* (cette dernière plus socialisante).

7. « Les policiers d'Allemagne » : l'édition anglaise de 1888 précise *police-spies*; allusion aux tracasseries policières, dont Marx et les socialistes allemands ont été particulièrement les victimes dans tous les petits États allemands du *Deutscher Bund* (la Confédération allemande) après 1815 et plus encore après les *Karlsbader Beschlüsse*, les mesures de réaction décidées par le Congrès de Carlsbad en 1819, qui tentent d'étouffer toute velléité de culture politique (dissolution des confréries étudiantes — *Burschenschaften* — qui venaient de s'illustrer lors du 300e anniversaire de la Réforme à la Wartburg, épuration des universités...).

8. « Des communistes appartenant aux nations les plus diverses se sont réunis à Londres » : IIe Congrès de la Ligue des communistes (novembre-décembre 1847), lors duquel Marx et Engels ont reçu mission de rédiger le programme de la Ligue.

9. Cf. la lettre de Marx à Weydemeyer : « Des historiens bourgeois avaient présenté longtemps avant moi l'évolution historique de ce combat des classes et des économistes bourgeois l'anatomie économique » (MEW, t. 28, p. 508).

10. Ceux qui habitaient en dehors et à proximité de l'enceinte de la ville recevaient le droit de cité à condition de participer à la défense de la commune.

11. Marx reprend ici une expression d'Engels dans *La Situation de la classe laborieuse en Angleterre* (trad. fr. : Paris, Éditions sociales, 1960, p. 199). Mais Engels avait mis cette expression ironique entre guillemets et avait ajouté en bas de page : « Expression favorite des industriels anglais. »

12. « Paiement comptant » : l'expression est empruntée à Carlyle (*Signs of the Time*, 1829) qui avait écrit que le *cash payment* est devenu le seul lien (*the sole nexus*) entre les individus.

13. « Une littérature mondiale » : notion créée par Goethe (cf. *Werke*, Hamburger Ausgabe, t. 12 : Schriften zur Kunst und Literatur, « Goethes wichtigste Äußerungen über "Weltliteratur" »,

München, Beck, 1981, p. 361-364), qui parle notamment dans un entretien avec l'écrivain polonais A. E. Odyniec, le 15 août 1829, du « libre commerce des concepts et des sentiments », lequel « tout autant que la circulation des marchandises et des produits de la culture accroît la richesse et la prospérité générale ».

14. « Des systèmes douaniers différents ont été concentrés en une nation unique... » : il est de toute évidence question du *Zollverein* de 1828 que Marx qualifiait en 1844, dans l'*Introduction à la critique de la Philosophie du droit de Hegel*, de « mainmise de la nationalité sur la richesse » (MEW, t. 1, p. 382 ; trad. fr. : Paris, Aubier-Montaigne, 1971, p. 69). Le *Preussisch-Deutscher Zollverein* était une alliance économique conclue par différents États allemands du *Deutscher Bund* (la Confédération allemande) sous la houlette de la Prusse afin d'abolir les douanes intérieures mais aussi pour mettre sur pied une protection douanière commune vis-à-vis de l'extérieur. Créée le 1ᵉʳ janvier 1834, elle engloba progressivement tous les États allemands, à l'exception de l'Autriche, des villes hanséatiques libres (Lubeck, Hambourg, Brême) et de quelques États d'Allemagne du Nord.

15. « Les prolétaires » : du latin *proletarius*, bas, vil. Le terme s'établit en Allemagne avec la montée du mouvement ouvrier. On parlait auparavant de *Pöbel* (la « plèbe »). En 1835 Franz von Baader utilise encore un terme emprunté au français : *Über das dermalige Mißverhältnis der Vermögenslosen oder Proletairs zu den Vermögen besitzenden Klassen* (cf. Fr. von Baader : *Gesellschafslehre*, 1957, p. 235 sq.).

16. Par la suite, une fois leurs théories économiques mieux élaborées, Marx et Engels parleront du prix de la force de travail.

17. Dans le premier tirage de 1848 on trouvait : « des femmes et des enfants ». A partir du second tirage, la mention des enfants disparaît, Marx et Engels ayant utilisé un exemplaire de ce tirage pour les rééditions ultérieures, cette anomalie s'explique. Il semble toutefois que l'allusion aux différences de sexe et d'âge dans les lignes qui suivent ne prend son sens que si les enfants ont été préalablement mentionnés. Cette omission a été corrigée par Kautsky dans l'édition allemande de 1912.

18. Loi du 8 juin 1847 qui limitait la journée de travail à 10 heures à compter du 1ᵉʳ mai 1848.

19. « Toutes les classes qui dans le passé ont conquis l'hégémonie... » : bien que nous nous soyons interdit dans ces notes d'*interpréter* le *Manifeste*, il nous paraît important de signaler l'importance de cette opposition entre la nature des révolutions bourgeoises et celle de la révolution prolétarienne. Dans *Le 18-Brumaire*, Marx dira : « Les révolutions bourgeoises, comme celle du XVIIIᵉ siècle, volent de succès en succès, leurs effets dramatiques se dépassent [...]. Les révolutions prolétariennes, en revanche, comme celles du XIXᵉ siècle, ne cessent de se critiquer elles-mêmes, elles interrompent constamment leur propre cours » (MEW, t. 8, p. 118, trad. fr. : Paris, Éditions sociales, 1969, p. 19).

20. « Les communistes sont donc dans la pratique... » : cette déclaration renvoie à *L'Idéologie allemande* : « Le communisme n'est pas pour nous un état qui serait à créer, un idéal sur lequel la réalité devra se régler. Nous appelons communisme le mouvement réel qui supprime l'état de choses actuel » (MEW, t. 3, p. 35 ; trad. fr. : Paris, Éditions sociales 1968, p. 64).

21. « Le but immédiat des communistes est le même que celui de tous les autres partis prolétariens... » : il s'agit en fait, comme Engels le soulignera dans sa préface à l'édition de 1890, de distinguer le communisme des autres partis et en particulier de l'appellation vague de « socialiste » : cf. *infra* p. 143 sq.

22. Il est intéressant de comparer cette troisième section avec le projet exposé par Marx dans ses notes (cf. Annexes). La comparaison révèle manifestement un changement d'optique dans la mise en œuvre de la « critique des idéologies ». Cf. sur ce point G. Raulet : « Le travail d'organisation idéologique, ou comment polariser les mouvements anticapitalistes », in *La Pensée*, n° 313, février 1998.

23. « Le mouvement anglais pour la réforme » : dans le contexte de crise économique et de troubles intérieurs qui suivit la victoire sur Napoléon, le gouvernement conservateur avait d'abord réagi, comme la Sainte-Alliance en Europe, en restreignant les libertés. Ses successeurs se virent contraints à concéder des réformes, notamment celle du droit de vote *(The Representation of the People Act)* en 1832, qui donne aux classes moyennes une représentation plus conforme à leur importance réelle. Le *Reformbill* fut promulgué le 7 juin 1842 par Guillaume IV.

24. Les partisans de la dynastie des Bourbons renversée par la révolution de 1830. Il n'est pas exclu que Marx fasse allusion aux soulèvements que la duchesse de Berry tenta de susciter en Vendée en faveur de son fils.

25. *The Young England* : cercle d'aristocrates anglais, parmi lesquels Carlyle, qui se constitua en 1842. Affiliés au parti *tory*, ils luttaient contre l'importance grandissante du libéralisme politique et économique et développaient des vues critiques sur la société, orientant même leur propagande en direction des ouvriers. Le futur Premier ministre conservateur Benjamin Disraeli (1804-1881) en était membre et en a exposé les idées dans sa trilogie romanesque : *Conningsby, Sybil, or the two nations* et *Tancred* (1844-1847) ; les « deux nations » sont les riches et les pauvres. Dans l'alinéa suivant, Marx vise de toute évidence la littérature sociale, fortement teintée de romantisme, des *tories* comme Wordsworth, Coleridge, Southey — ces deux derniers ayant même conçu le projet d'une colonie communiste nommée *Pantisocracy*, où la suppression de la propriété privée entraînerait aussi la disparition de l'égoïsme et permettrait l'instauration de la justice. Après avoir salué la révolution de 1789, ils se replièrent sur un conservatisme chrétien, confirmant ce que dit Marx plus loin : « Prêtres et féodaux ont toujours marché la main dans la main ; de même le socialisme clérical et le socialisme féodal. »

Coleridge, par exemple, défend une conception organiciste de la société dont le fondement est la religion (cf. *Constitution of Church and State*, 1830). De même Carlyle dénonce l'industrialisme, qui réduit le lien social à un *cash nexus* (cf. *supra* note 12) et détruit les bases morales et spirituelles de la société (cf. *The Condition of England Question, Chartism*, 1839, et *Past and Present*, 1843).

26. « Le socialisme clérical » : du côté français, on pense aux aristocrates « socialistes chrétiens » (ainsi que les nomme J.-B. Duroselle). Est visé selon toute vraisemblance Félicité-Robert de Lamennais (1782-1854), mentionné à deux reprises dans la « Circulaire contre Kriege » du 11 mai 1846 (MEW, t. 4, p. 3-17) [Hermann Kriege — 1820-1850 —, éditeur du journal new-yorkais *Volkstribun*, exerçait une grande influence sur les socialistes et les immigrants allemands]. Autour de Lamennais — qui, au demeurant, a toujours expressément refusé l'étiquette de socialiste — et de son journal *L'Avenir* œuvraient des ecclésiastiques comme Gerbet, Salinis et surtout Lacordaire et des laïques comme l'économiste Charles de Coux. Ils défendaient la nécessité d'une séparation de l'Église et de l'État ainsi que les libertés d'enseignement, de la presse et d'association. Après l'encyclique *Mirari Vos*, promulguée par Grégoire XVI le 15 août 1832 et qui condamnait les libertés qui détournent les sujets de la soumission due aux Princes, Lamennais avait rompu avec Rome ; ses *Paroles d'un croyant*, publiées en 1834, sont le document de cette rupture.

27. Dans la première édition on trouve « *heitige* », qui est évidemment une faute d'impression. Les éditions suivantes comportent la version « *heutige* », correction d'une forme supposée dialectale. Reproduisant en novembre 1850 la Section III dans la *Neue Rheinische Zeitung. Politisch-ökonomische Revue*, Marx et Engels rétablirent « *heilige* ». A partir de 1872, ils remplaceront définitivement ce terme par « *christliche* ».

28. Cf. *supra* note 10.

29. Sismondi (Jean Charles Léonard Simonde de Sismondi, 1773-1842) : économiste suisse qui critiqua vigoureusement dans ses ouvrages (notamment les *Nouveaux Principes d'Économie politique ou la richesse dans ses rapports avec la population*, 1819) le libéralisme politique. Son mérite, reconnu par Marx, consiste à avoir cherché les causes des crises non pas dans les mécanismes du marché mais dans la sphère de la production. Il se déclare « vivement ému » par « les souffrances cruelles des ouvriers des manufactures » dues à la « crise commerciale » de 1817-1818. « On pourrait presque dire, écrit-il, que la société moderne vit aux dépens du prolétaire » La concentration augmente la capacité de production mais, entraînant la paupérisation des ouvriers, elle restreint le pouvoir de consommation, d'où les crises. Mais, comme le dit Élie Halévy, Sismondi est « riche en théorie » et « pauvre en remède ». Marx récuse le retour aux pratiques économiques anciennes qu'il préconise (cf. *Manuscrits de 1844*, MEW, Ergänzungsband 1, p. 527 ; *Misère de la philosophie*, MEW, t. 4,

p. 97). En ce qui concerne la France, on peut sans doute classer ici le socialiste chrétien Buchez, qui préconise la formation d'associations ouvrières qui ne sont finalement qu'un retour aux anciennes corporations, ou même Ledru-Rollin (cf. *supra* note 6), qui dénonce la concentration industrielle parce qu'elle détruit la petite propriété privée et, avec elle, les bases de toute moralité.

30. « Les enjolivements fallacieux des économistes » : Il s'agit sans aucun doute des théoriciens de l'économie libérale classique — Smith, Ricardo — et de leurs épigones comme Say.

31. « Le socialisme vrai » : Karl Grün (1817-1887), auteur de *Die soziale Bewegung in Frankreich und Belgien. Briefe und Studien* (Darmstadt 1847), Moses Hess (1812-1875), Hermann Püttmann (1811-1874), éditeur des *Rheinische Jahrbücher zur gesellschaftlichen Reform* et du *Deutsches Bürgerbuch für 1845*, plateforme théorique du « socialisme vrai ». Dans la *Deutsche-Brüsseler-Zeitung* (une feuille publiée par les émigrés allemands de Bruxelles de janvier 1847 à février 1848, dans laquelle le démocrate Adalbert von Bornstedt défendait une ligne œcuménique mais que Marx et Engels influencèrent de façon décisive à partir de septembre 1847, au point qu'elle devint le premier organe de la Ligue des communistes), Marx publia en avril 1847 une attaque contre Grün (cf. MEW, t. 4, p. 37 sq.) ; la polémique s'intensifia en septembre 1847 lorsque Marx publia son article « Le communisme du *Rheinischer Beobachter* » et Engels la série d'articles intitulée « Le socialisme vrai en vers et en prose ». L'article de Marx est une réponse aux tentatives faites par le gouvernement prussien pour récupérer le socialisme vrai et, en reprenant à son compte son socialisme chrétien et féodaliste, détourner les masses de la lutte contre l'absolutisme, c'est-à-dire les retourner contre l'opposition bourgeoise. Le *Rheinischer Boebachter* était un quotidien conservateur qui parut à Cologne de 1844 jusqu'à la révolution de mars 1848. La critique par Marx du livre de Grün sur le mouvement social en France et en Belgique constitue quant à elle un chapitre de *L'Idéologie allemande* (voir MEW, t. 3, p. 473-520). Elle parut dans les cahiers d'août et de septembre de *Das Westphälische Dampfboot*, un mensuel édité par le « socialiste vrai » Otto Lüning de juin 1845 à mars 1848 (à Bielefeld puis à Paderborn). Début 1847, Engels avait travaillé à un manuscrit sur « Les socialistes vrais » qui devait constituer la suite de *L'Idéologie allemande* (il ne sera publié qu'en 1932 dans la MEGA ; il est repris dans l'édition MEW, t. 4, p. 248 sq.).

32. Moses Hess conjugue en effet des emprunts à Saint-Simon et Fourier avec une référence constante à Feuerbach (cf. ici quelques lignes plus bas : « aliénation de l'essence humaine »). Aux yeux de Marx, le socialisme « vrai » en reste au résultat de la critique feuerbachienne de la religion, qu'il a critiquée en 1844, dans l'*Introduction à la critique de la Philosophie du droit de Hegel*, dans les termes suivants : « L'homme, qui, dans la réalité imaginaire du ciel où il cherchait un surhomme, n'a trouvé que le reflet de lui-même, ne sera plus enclin à ne trouver que l'apparence de

lui-même, l'inhumain, là où il cherche et doit chercher sa réalité *vraie*» (MEW, t. 1, p. 378; trad. fr. : Paris, Aubier-Montaigne 1971, p. 51 — c'est nous qui soulignons). L'expression «réalité imaginaire du ciel» présente du reste une analogie certaine avec celle utilisée ici un peu plus loin : «ciel nébuleux de l'imagination philosophique». Au début du chapitre II («Le socialisme conservateur ou bourgeois») et à la fin du chapitre III de cette section («Le socialisme et le communisme critiques et utopiques»), Marx appliquera pour la même raison l'idée de la «Nouvelle Jérusalem» de Moses Hess (cf. *Histoire sacrée de l'humanité*, 1837) à Proudhon, à Fourier et à Saint-Simon.

33. «Philosophie de l'action» : essai de Moses Hess qui devait constituer l'introduction d'un ouvrage plus important et qui parut en 1843 dans les *Einundzwanzig Bogen aus der Schweiz (Vingt et une feuilles de Suisse)* publiés par Georg Herwegh (rééd. in *Ausgewählte Schriften*, éd. par H. Lademacher, 1962, p. 131 sq.).

34. Dans l'édition de 1850 publiée par Marx et Engels dans la *Neue Rheinische Zeitung. Politisch-ökonomische Revue*, «*bearbeiteten*» est remplacé par «*beantworteten*». Cette correction, plus satisfaisante du point de vue du style et du sens, est reprise dans l'édition Hirschfeld (1856?) mais abandonnée par la suite, les auteurs considérant le texte primitif comme historique. Engels n'a toutefois pas hésité par la suite à apporter quelques modifications, mais il a laissé subsister «*bearbeiteten*».

35. «Les insurrections des ouvriers allemands» : notamment la révolte des tisserands silésiens en 1844, dans laquelle Marx a vu l'annonce d'un courant révolutionnaire.

36. Le terme «*Pfahlbürgerschaft*» n'est manifestement plus employé ici dans son sens purement historique, comme il l'était au début, mais dans l'acception moderne qui souligne l'étroitesse de vue du petit-bourgeois. La traduction anglaise de 1888 est à cet égard explicite.

37. Dans *La Sainte Famille* (chap. IV) on trouve un jugement positif sur Proudhon. En revanche, la lettre de Marx à Annenkow datée du 28 décembre 1846 (MEW, t. 4, p. 54 sq. et t. 27, p. 451 sq.) préfigure la critique du *Système des contradictions ou la Philosophie de la misère* (paru à Paris à l'automne de 1846 et traduit en allemand par Karl Grün — cf. note 31 — en 1847 sous le titre *Philosophie der Staatsökonomie oder Nothwendigkeit des Elends*) que Marx publiera en 1847 sous le titre *Misère de la philosophie*. Marx et Proudhon s'affrontèrent lors du Congrès des Économistes (dit aussi Congrès du Libre-Échange) qui se tint à Bruxelles du 16 au 18 septembre 1847. Marx n'y prononça pas le discours qu'il avait préparé et qui parut partiellement le 29 septembre dans le journal belge *L'Atelier démocratique*, un hebdomadaire destiné aux travailleurs et publié à Bruxelles du 26 juillet 1846 à 1847 (son rédacteur était en 1847 Louis Heilberg, un journaliste allemand émigré à Bruxelles, membre du Comité de correspondance communiste bruxellois depuis 1846, puis du *Bund der Kommunisten*), et dans

Zwei Reden über die Freihandels- und Schutzzollfrage von Karl Marx aus dem Französischen übersetzt und mit einem Vorwort und erläuternden Anmerkungen versehen von J. Weydemeyer (Hamm, 1848). Engels en reproduit aussi des extraits dans son article « *The Free Trade Congress at Bruxelles* » (in *The Northern Star*, n° 520, 9-10-1847). La version intégrale de ce discours n'est pas conservée. Le fragment a été publié sous le titre « *Die Schutzzöllner, die Freihandelsmänner und die arbeitende Klasse* » dans l'édition MEW (t. 4, p. 296 sq.). Des articles d'Engels (« *Der ökonomische Kongress* », in *Deutsch-Brüsseler-Zeitung*, 23-9-1847, MEW, t. 4, p. 291 sq., et « *The Free Trade Congress at Bruxelles* », MEW, t. 4, p. 299 sq.), il ressort que le congrès fut dominé par les partisans anglais du libre-échange, appuyés par des représentants français et belges, tandis que Friedrich List et G. von Gülich défendirent les protections douanières.

38. Les Chartistes : mouvement de masse prolétarien né en Angleterre aux alentours de 1825. Les centres les plus actifs du Chartisme étaient Londres, où fut fondée en 1836 la *London Working Men's Association*, Birmingham et Manchester. Son nom vient de la « Charte des Droits de l'homme » qu'il publia en 1834. En juillet 1840, le mouvement chartiste se constitua en union nationale ; à son apogée il compta jusqu'à 40 000 membres. Le leader du mouvement chartiste était Fergus Edward O'Connor (1794-1855), fondateur et éditeur du *Northern Star, and national trades' journal*, qui parut à Leeds de 1837 à 1844 puis à Londres jusqu'en 1852. O'Connor représenta l'aile droite du mouvement chartiste après 1848, avant de se retirer de la vie politique en 1852. Marx et Engels entretenaient de bonnes relations avec le rédacteur en chef du *Northern Star*, George Julian Harney, qui publia assez régulièrement, quoique avec quelques interruptions, plusieurs articles d'Engels entre 1843 et 1848 sur la situation du mouvement ouvrier sur le continent (cf. *supra* note 37) ; lorsqu'il quitta la rédaction, le *Northern Star* devint l'organe de l'aile droite. C'est à Harney que l'on doit la première mention explicite des auteurs du *Manifeste* dans l'avertissement qu'il a écrit pour la publication de la première traduction anglaise dans l'organe chartiste *Red Republican* en 1850.

Les disciples d'Owen, qui tentaient de faire passer dans la pratique les idées de leur maître, étaient souvent en désaccord avec le mouvement chartiste qui entraînait le prolétariat anglais dans des luttes de masse. Le recrutement et les revendications des Chartistes reflétaient très exactement le degré de développement de l'opposition entre bourgeoisie et prolétariat.

39. Les Réformistes : il faut entendre par « Réformistes » les hommes groupés autour du journal français *La Réforme*, quotidien fondé par Alexandre Auguste Ledru-Rollin, qui parut de juillet 1843 à janvier 1850. Les Réformistes réclamaient l'institution de la République et des réformes démocratiques et sociales. Engels publia des articles dans *La Réforme* entre octobre 1847 et janvier 1848.

40. Les réformateurs agraires en Amérique : les *Agrarian Reformers*, issus du mouvement des *National Reformers* et connus également sous le nom de « Jeune Amérique », étaient une organisation d'artisans et d'ouvriers qui développaient dans les années 1840, sous la direction de George Henry Evans, toute une agitation réclamant l'attribution de terres non défrichées aux pauvres, notamment aux immigrants, et préconisant la constitution de communautés agraires dont l'économie aurait pour principe l'échange par les producteurs des produits de leur travail. Marx les a critiqués dans la deuxième section de sa « Circulaire contre Kriege » (« L'économie du *"Volkstribun"* et sa position à l'égard de la jeune Amérique » — cf. MEW, t. 4, p. 8 sq.).

41. Sur le parti démocrate-socialiste, voir Engels : « *Die Reformbewegung in Frankreich* » (MEW, t. 4, p. 399 sq.), « *Die "Réforme" und der "National"* » (*ibid.*, p. 423 sq.), « *Louis Blancs Rede auf dem Bankett zu Dijon* » (*ibid.*, p. 426 sq.) ; Marx : *Les Luttes de classe en France* (MEW, t. 7, p. 18 sq.).

42. Sur la Suisse, voir Engels : « *Der Schweizer Bürgerkrieg* », in *Deutsche-Brüsseler-Zeitung*, 14-11-1847 (MEW, t. 4, p. 391 sq.).

43. Le 22 février 1846, des démocrates révolutionnaires polonais déclenchèrent dans l'État libre de Cracovie, qui était depuis 1815 sous administration conjointe de l'Autriche, de la Russie et de la Prusse, une insurrection, constituèrent un gouvernement et proclamèrent l'abolition des charges féodales. Le mouvement, qui visait l'indépendance de la Pologne et qui de Cracovie s'étendit en Galicie, fut écrasé au début de mars. En novembre, l'Autriche, la Russie et la Prusse conclurent un traité rattachant Cracovie à l'Autriche.

44. « *Proletarier aller Länder, vereinigt Euch!* » : il s'agit de la résolution qui sert de préambule aux statuts de la Ligue des communistes, adoptés lors de son deuxième Congrès, le 1er décembre 1847. Elle est déjà utilisée dans le manifeste du premier (et unique) numéro de la *Kommunistische Zeitung*, daté de Londres, septembre 1847, et sera reprise comme épigraphe des « Revendications du parti communiste en Allemagne » (« *Forderungen der kommunistischen Partei in Deutschland* », mars 1848), signées par « Le comité : Karl Marx, Karl Schapper, H. Bauer, F. Engels, J. Moll, W. Wolff ».

45. Ce chiffre de douze éditions ne semble pas scientifiquement établi. Il est probable que le « Manifeste » a pu être publié soit intégralement, soit en partie, sans que les auteurs en aient été informés. Se référant au travail bibliographique fondamental de Bert Andréas, l'édition Dietz de 1967 indique qu'il existait en 1872 quatorze éditions allemandes et en 1888 vingt et une. Ce sont en effet les chiffres qui ressortent du tableau synchronoptique encarté à la fin du volume. Mais à la p. 59, Bert Andréas estime que la phrase de la préface de 1888 : « Le texte allemand avait été, depuis 1850, *réimprimé plusieurs fois* (souligné par nous) en Suisse, en Angleterre et en Amérique » atténuerait l'affirmation « au moins douze éditions ». Il compte pour la période 1850 à

1888 douze impressions, dont six seulement avaient paru en juin 1872, date de la rédaction de la préface. Si l'on ajoute à ces six, les six tirages de 1848 où le texte est reproduit intégralement, on arrive bien au chiffre de douze. Il semble que le tableau synchronoptique ait mentionné comme des éditions complètes des reproductions qui n'étaient que partielles. [E.B.]

46. Le *Red Republican* était un hebdomadaire dont le rédacteur en chef, George Julian Harney, était un ami de Marx et d'Engels. Il publie entre le 9 et le 30 novembre 1850, en quatre fois, la première traduction anglaise faite probablement avec l'autorisation des auteurs. [E.B.]

47. En réalité le seul texte anglais du « Manifeste » paru en 1871 dans le *Woodhull and Claflin's Weekly* (30 décembre) était la reprise de la traduction d'Helen Macfarlane avec l'avant-propos de G.J. Harney. Il est probable que Marx et Engels se sont basés sur des informations non confirmées. Dans sa préface à l'édition anglaise de 1888, Engels ne parlera plus que d'une publication qu'il situera d'ailleurs par erreur en 1872. [E.B.]

48. Les auteurs reprennent ici l'indication donnée dans le préambule. En fait aucune des traductions mentionnées n'a été jusqu'ici retrouvée, et l'on comprend que dans les conditions d'alors, ces entreprises n'aient pu être menées à bien. Dans le *Red Republican*, Harney avait supprimé, sans doute avec l'accord de Marx et d'Engels, la phrase concernant les traductions. [E.B.]

49. *Le Socialiste*, hebdomadaire qui parut en français à New York d'octobre 1871 à mai 1873, fut de décembre 1871, à octobre 1872 l'organe de la section française de l'Internationale aux États-Unis. Il publie du 20 janvier au 30 mars 1872, en neuf fois, un texte intitulé : *Manifeste de Karl Marx, comprenant les Sections I et II du* « Manifeste communiste » et qui est la traduction en français de la réimpression de la version anglaise d'Helen Macfarlane. [E.B.]

50. La Correspondance avec Sorge fait apparaître qu'en 1872 Marx et Engels sentaient la nécessité de publier le « Manifeste » en français pour combattre efficacement les idées de Bakounine et de Proudhon. Sorge leur avait offert le manuscrit d'une nouvelle traduction dont Marx accepta l'envoi. Cette phrase semble indiquer que les auteurs étaient décidés à préparer eux-mêmes une édition française. On peut penser que le surcroît de travail provoqué par la correction des épreuves françaises du *Capital* et la préparation du congrès de La Haye en ont empêché la réalisation. [E.B.]

51. En 1847-1848, Marx et Engels entretiennent des rapports assez étroits avec les démocrates polonais. A la fin de 1848, Hermann Ewerbeck était, au nom de la Ligue des communistes, en rapport avec le comité des Polonais démocrates de Paris. Il annonce dans une lettre du 12 décembre à Marx la préparation d'une édition polonaise du « Manifeste » qui se fit probablement mais dont on n'a pas retrouvé jusqu'ici de traces. [E.B.]

52. C'est en 1869 que parut à Genève sans page de titre ni

nom d'auteur ni indication du traducteur et de l'éditeur le texte russe parfois assez mal traduit du « Manifeste ». Dans la préface de 1882 à la seconde édition russe, Marx et Engels attribueront la traduction à Bakounine, la dateront du début des années 60 à 70 et indiqueront qu'elle a été tirée à l'imprimerie du *Kolokol*. La seule chose sûre est que l'imprimeur, L. Czerniecki, à Genève, était également l'imprimeur du *Kolokol*. Il n'est pas établi que Bakounine ait eu à y voir quoi que ce soit. Il semble que la brochure ait été commandée par le groupe russe dont Netchaïev, l'ami de Bakounine, était l'animateur. [E.B.]

53. Bien qu'Engels ait repris plusieurs fois cette indication, déjà donnée dans le préambule, aucune preuve n'a pu être décelée de l'existence de cette traduction. [E.B.]

54. Cf. Karl Marx : *La Guerre civile en France*, édition nouvelle. Éditions Sociales, Paris 1953, p. 38. Traduction revue. [E.B.]

55. Cette édition a paru à Genève dans une collection dirigée par P. Lavroff : Bibliothèque sociale révolutionnaire russe. Le traducteur en est Georges Plekhanov et non pas, comme Engels l'affirmera plus tard, Vera Zassoulitch.

A la demande de Plekhanov qui était enthousiasmé par le « Manifeste » (il a daté lui-même de cette époque sa conversion au marxisme), le populiste Lavroff sollicita une préface de Marx qu'il connaissait. Les auteurs consentirent et lui en adressèrent le texte le 23 janvier 1882. Lavroff le publia dans sa revue *La Volonté du peuple*. Par la suite Bernstein qui dirigeait le *Sozialdemokrat* demanda à Engels de le lui communiquer pour le publier. Engels écrivit à Lavroff pour en obtenir une copie. Entre-temps, Bernstein avait publié une retraduction du texte russe. Lorsqu'en 1890 Engels voulut incorporer cette préface à celle qu'il rédigeait pour l'édition allemande, il crut l'avoir égarée et donna aussi une retraduction. En fait, l'original a été retrouvé et se trouve à Moscou à l'Institut du Marxisme-Léninisme. Il a été publié pour la première fois sous sa forme originale en 1923 en Union Soviétique. C'est ce texte que nous donnons ici. [E.B.]

56. Cf. *supra* note 52.

57. Après l'assassinat d'Alexandre II par des membres de l'organisation secrète des populistes, le 13 mai 1881, son successeur Alexandre III se réfugia, par peur de nouveaux attentats, au château de Gatchina sous la protection de la police et de l'armée. [E.B.]

58. Cette édition est la seule édition anglaise dont Engels se soit occupé personnellement. Son ami Samuel Moore avait traduit le « Manifeste » en mars-avril 1887. Sollicité au début de 1888 par l'éditeur William Reeves, Engels lui remit la traduction de Moore qu'il avait révisée et joignit une préface, la plus longue qu'il ait écrite pour le « Manifeste », dans laquelle il reprenait l'essentiel des préfaces antérieures, ce qui explique certaines erreurs déjà signalées. La brochure parut en mars 1888. [E.B.]

59. Cf. *supra* note 48.

60. Cf. *supra* note 46.
61. Cf. *supra* note 53.
62. Cf. *supra* note 51.
63. Le Congrès de La Haye, qui se termina par le transfert du Conseil général de l'A.I.T. en Amérique, eut lieu en 1872. L'Internationale subsista aux États-Unis jusqu'au Congrès de Philadelphie de 1876. Engels fait ici une erreur de date. [E.B.]
64. Engels cite les paroles prononcées par W. Bewan, en 1887, au congrès annuel des Trade Unions à Swansea. Le journal « *Commonweal* » en rend compte le 17 septembre 1887. [E.B.]
65. On remarquera combien Engels atténue l'affirmation de la préface de 1872. [E.B.]
66. Cf. *supra* note 47.
67. Cf. *supra* note 49.
68. Engels pense ici à l'édition parue à Londres en brochure en 1886 (International Publishing Company), laquelle ne faisait que reproduire la brochure publiée à New York (Schaerr and Frantz) en 1883 et se réclamait du patronage de l'Internationale. Ce texte ne faisait que reprendre la traduction d'Helen Macfarlane. [E.B.]
69. Cf. *supra* note 52.
70. Cette traduction n'a pas pour auteur Vera Zassoulitch, mais Georges Plekhanov. Cf. note 55.
71. Cette édition est la réimpression de la traduction publiée en 1884 (12-23 janvier) dans le *Social-Demokraten*. Elle avait sans doute pour auteur Edvard E. Wiinblad, ancien secrétaire de la section de l'A.I.T. de Copenhague. [E.B.]
72. Voir *supra* « Les éditions du *Manifeste* », p. 171.
73. Le « *Manifesto del Partido Communista* » paru à Madrid en 1886 (Biblioteca de *El Socialista*) n'était en réalité qu'une réimpression de la traduction de José Mesa, un des fondateurs de l'Internationale en Espagne, publiée en novembre et décembre 1872 par le journal *La Emancipación*. Le texte n'avait donc pas pour base la traduction de Laura Lafargue publiée dans *Le Socialiste* à Paris, en 1885, mais une version révisé par Engels du texte publié en 1872 par *Le Socialiste* de New York. Ce même texte avait été publié par le journal *El Socialista* du 11 juin au 6 août 1886. [E.B.]
74. Cf. *supra* note 45.
75. Engels cite ici la première phrase des statuts de l'Internationale. [E.B.]
76. Cf. *supra* note 54.
77. Il s'agit de la préface à l'édition allemande de 1883.
78. Cf. *supra* note 70.
79. Il s'agit de l'édition parue à Genève en 1883, et qui reprenait d'ailleurs la préface à l'édition russe de 1882. Le traducteur est W. Piekarski qui était l'un des fondateurs et le rédacteur en chef du *Predswit (L'Aurore)*, organe des socialistes polonais. [E.B.]
80. Cf. *supra* note 71.

81. Voir « Les éditions du *Manifeste* », p. 171.

82. Cf. *supra* note 73.

83. Cf. *supra* note 58.

84. Cf. *supra* note 63.

85. Cf. *supra* note 64.

86. Cf. *supra* note 75.

87. Là encore Engels fait erreur. Cf. note 63. [E.B.]

88. Cette deuxième édition polonaise a paru à Londres. Elle reprend en fait la traduction Piekarski publiée à Genève en 1883 (cf. note 79). Mendelson, qui était en relation constante avec Engels, lui demanda une préface que celui-ci rédigea en allemand et qu'il publia, traduite en polonais, dans le *Predswit* du 27 février 1892, avant la parution de la brochure. Dans celle-ci, elle est qualifiée de « préface à la deuxième édition polonaise ». [E.B.]

89. Au Congrès de Vienne en 1815, la Pologne est partagée entre la Prusse, l'Autriche et la Russie. Le tsar Alexandre Ier constitue avec sa part un royaume de Pologne (ou « royaume du Congrès ») dont il proclame l'union éternelle à l'Empire de Russie. [E.B.]

90. Phrase omise dans la traduction polonaise de 1892.

91. La première traduction italienne du « Manifeste » due à Pietro Gori avait été éditée à Milan par Flaminio Fantuzzi en 1891. Elle était faite d'après la traduction française de Laura Lafargue. Entre septembre et décembre 1892, le journal *Lotta di Classe* à Milan publia une nouvelle traduction de Pompeo Bettini établie d'après l'édition allemande de 1883. C'est ce texte qui paraît en 1893 avec quelques retouches dans la *Bibliotica della Critica Sociale*.

Dès le 4 janvier 1893, Turati, directeur de la *Critica Sociale*, avait demandé à Engels une préface pour l'édition en préparation. Engels la lui envoya finalement le 1er février 1893 en français et Turati la traduisit en ajoutant la mention « Au lecteur italien ». Le texte français définitif semble perdu. Un brouillon de la main d'Engels se trouve à l'Institut du Marxisme-Léninisme à Moscou. Ce dernier a bien voulu nous en communiquer une photocopie, ce dont nous le remercions. Nous avons donc tenté de restituer le texte original d'après cette photocopie et corrigé par endroits le texte publié par Luigi Cortesi dans *Annali dell'Istituto Giangiacomo Feltrinelli*, Anno Primo (1958), Milano, p. 238-239. Nous avons aussi cru bon de donner en note quelques variantes du brouillon qui illustrent la façon dont Engels a mis au point son texte. [E.B.]

92. Ici un renvoi dans le brouillon d'Engels, qui écrit verticalement dans la marge : « Les ouvriers parisiens connaissaient parfaitement l'antagonisme qui existait entre la cl[asse] ouvr[ière] et la b[our]g[eoi]sie, mais ils ignoraient en 1848 comme 1871 » (phrase interrompue).

93. Au-dessus de « profondément », Engels a écrit « tout ».

94. Mot difficilement déchiffrable. Engels avait écrit « dans chaque pays » puis barré « chaque », et remplacé par « un ». Nous [E.B.] optons pour « distinct ».

95. La première version de ce début de phrase, barrée par Engels, était : « Ils établirent le régime de la classe capitaliste et comme la classe capitaliste ne peut régner qu'à condition... »

96. Au-dessus de « gigantesque », Engels a écrit « colossale ».

97. Première version, barrée par Engels : « Au terme du Moyen Age féodal, au seuil de l'ère capitaliste moderne, nous voyons la figure gigantesque du Dante, d'un Italien. » Seconde version : « Le terme... le seuil... est marqué par l'introduction d'un homme aux proportions de génie. »

DOSSIER

98. Straubingen : ville moyenne de Basse-Bavière au bord du Danube.

99. Les disciples de Karl Grün (cf. *supra* note 31).

100. Mosi : Moses Hess (1812-1875), cofondateur de la *Rheinische Zeitung* et membre de la rédaction de janvier à décembre 1842. Au milieu des années 1840, il fut le principal représentant du « socialisme vrai » (cf. *supra* note 31). Membre de la *Ligue des Justes* puis de la *Ligue des communistes*, il était en conflit avec Marx et Engels depuis 1846 ; en 1863 il deviendra « lassallien ». Cf. aussi note 32 et *infra* note 104 ; les documents rassemblés ici reflètent l'affrontement entre Hess et Engels — indirectement Marx — à propos de ce qui devait devenir le *Manifeste communiste*.

101. Vendredi dernier : le 22 octobre 1847 (voir note suivante).

102. Le « mauvais tour » joué par Engels à Moses Hess : après le premier congrès de la *Ligue des communistes*, le comité central londonien (Karl Schapper, Heinrich Bauer, Joseph Moll) envoya le projet de « Profession de foi communiste » et le projet des statuts de la Ligue aux différents cercles et communautés. Lorsque Engels arriva à Paris vers le 15 octobre, la discussion était déjà fort avancée. Elle était dominée par le contre-projet de Moses Hess. Lors de la réunion du 22 octobre, Engels obtint le retrait de ce contre-projet et se fit charger de la rédaction d'une nouvelle version, qu'il devait remettre avant le 29. De toute évidence, il s'agit des *Principes du communisme*. Cf. aussi *infra* note 108.

103. Vendredi prochain : le 29 octobre 1847 (voir note précédente).

104. Stephan Born (1824-1898), de son vrai nom Buttermilch : autodidacte, venu à Berlin en 1840 comme compagnon imprimeur, Born jouissait d'une grande réputation dans le *Handwerksverein* berlinois. D'accord avec Marx sur l'alliance provisoire du prolétariat et de la bourgeoisie, il estime cependant que les ouvriers ne sont pas encore mûrs pour les enseignements du *Manifeste* et met l'accent sur les réformes immédiates que l'on peut obtenir par la voie légale ; il s'efforce de ne pas effaroucher la petite et moyenne bourgeoisie. Dans son journal *Das Volk*, puis dans *Die Verbrüderung*, Born repousse l'idée d'une lutte violente, réclamant avant tout le suffrage universel et l'amélioration de la situation

économique des classes laborieuses au sein d'un État démocratique. Born a, ce faisant, joué un rôle considérable dans les milieux artisanaux, dont il s'est efforcé de surmonter l'hostilité au machinisme et l'esprit étroitement corporatiste. De ces idées naît, en septembre 1848, la *Fraternité universelle des travailleurs allemands (Allgemeine Deutsche Arbeiterverbrüderung)* qui réunit autour de la centrale de Leipzig, dans une confédération assez lâche, environ 12 000 ouvriers. Fortement représentée dans les grandes villes de Prusse, en Saxe, en Franconie et dans le Wurtemberg, elle s'appuie notamment sur les organisations professionnelles des imprimeurs et des cigariers, qui disposent de deux journaux, le *Gutenberg* et la *Concordia*. La *Fraternité* sera victime de la réaction dès 1850 en Prusse, en Saxe et en Bavière.

105. Depuis le Congrès de Vienne la Prusse possède la majeure partie de la Westphalie (le bassin de la Ruhr) et l'essentiel de la rive gauche du Rhin, avec Cologne, Aix-la-Chapelle et Trèves ; le territoire prussien va donc jusqu'à la frontière avec les Pays-Bas.

106. O'Connor : cf. *supra* note 38.

107. *En français dans la lettre*. Les 14 et 31 octobre, 7 et 11 novembre 1847, la *Deutsche-Brüsseler Zeitung* (n° 82, 87, 89 et 90) publia une série d'articles de Moses Hess intitulée « Les suites d'une révolution du prolétariat » (*Die Folgen einer Revolution des Proletariats*) dans laquelle il reprend les arguments qu'il avait défendus dans son contre-projet de « Profession de foi ». Cf. *supra* note 102.

108. Cette lettre est d'une importance capitale pour la détermination du genre de texte qu'est le *Manifeste* — question liée au rôle qu'entendaient jouer Marx et Engels lorsqu'ils adhérèrent à la *Ligue des Justes* en juin 1847, lors du congrès qui se tint à Londres et à l'occasion duquel cette dernière se transforma en *Ligue des communistes*. Il s'agit d'aller au-delà d'une association de travailleurs et d'un *Bildungsverein*. Marx arrive avec son expérience de rédacteur de la *Rheinische Zeitung*. Une des conditions qu'il pose est la création d'un organe de masse. Il importe aussi de ne pas oublier que le *Manifeste* devait être le « vade-mecum » (genre répandu) avec lequel les ouvriers communistes exilés seraient renvoyés dans leur pays d'origine pour y diffuser les idées communistes dans le contexte de l'agitation de 1848. C'est lors du congrès fondateur de la Ligue des communistes, en juin 1847, que fut lancée l'idée d'une « profession de foi communiste » dont la Ligue des Justes avait déjà usé avec son *Entwurf eines kommunistischen Glaubensbekenntnisses* (1846-1847). [Le projet de « profession de foi » est reproduit par Theo Stammen dans son édition du *Manifeste* — Karl Marx : *Manifest der kommunistischen Partei*, herausgegeben, eingeleitet und kommentiert von Theo Stammen in Zusammenarbeit mit Ludwig Reichart, München, Fink, 1978, p. 118-123.] Le genre de la « profession de foi » a une tradition depuis Lamennais (*Profession de foi politique ou Paroles d'un croyant*, 1834) et Weitling (*Evangelium des armen Sünders*, 1838). Elle devait avoir la forme, alors répandue depuis la Révolution fran-

çaise, d'un « catéchisme politique », avec questions et réponses, qu'avaient adoptée par exemple le *Credo communiste* de Cabet en 1841, le *Kommunistisches Bekenntnis in Fragen und Antworten* de Moses Hess (1844, édition augmentée en 1846) ou encore, pour citer deux exemples de la révolution de 1848, *le Politischer Katechismus für das deutsche Volk* ou le *Republikanischer Katechismus für das deutsche Volk*. En octobre-novembre 1847, Engels a lui-même sacrifié à ce genre avec ses *Principes du communisme (Grundsätze des Kommunismus)*. En 1850, Moses Hess publiera encore *Der Rote Katechismus*. Le genre du « manifeste » a lui aussi sa tradition : elle remonte à Babeuf (*Manifeste des Égaux*, 1796).

109. Voir les *Principes du communisme*.

110. Born : cf. *supra* note 104. Le texte intégral du discours de Born a été reproduit dans un compte rendu de la *Société démocratique allemande* (réunion du 29.11.47) publié par la *Deutsche-Brüsseler Zeitung* du 2 décembre 1847. Cf. MEGA, *Briefwechsel Mai 1846-Dezember 1848*, Abteilung III, t. II (b), Berlin (Ost), Dietz, 1975, p. 702 sq.

111. Georg Weerth (1822-1856), poète et publiciste, rédacteur du « feuilleton » de la *Neue Rheinische Zeitung* (cf. le portrait flatteur d'un publiciste-né que fait de lui Franz Mehring dans *Geschichte der deutschen Sozialdemokratie*, in Mehring, *Gesammelte Schriften*, Berlin, Dietz, 1976, p. 477). Werth s'était porté candidat, avec Wilhelm Wolff et Stephan Born, pour représenter les travailleurs allemands lors de la célébration de la révolution polonaise à Londres. De toute évidence, on appréciait ses talents mais « dans son domaine ».

112. Ewerbeck, August Hermann (1816-1860), parfois orthographié Everbeck ou Oeverbeck : médecin et publiciste allemand qui dirigea l'accueil de la *Ligue des Justes* à Paris entre 1841 et 1846 ; il devint ensuite membre de la *Ligue des communistes* et s'en retira en 1850. Pendant la révolution de 1848-1849, il fut le correspondant à Paris de la *Neue Rheinische Zeitung*. On ne sait pas ce que sont devenues ces traductions. La première traduction en espagnol (due à José Mesa) parut en 1872 dans *La Emancipación* (n° 72-77 des 2, 9, 16, 23 et 30 novembre, 7 décembre 1872). La traduction en italien parut seulement en 1889.

113. Le Club politique d'Elberfeld : dans son journal *Volksstimme*, il se prononçait pour une monarchie constitutionnelle et des réformes modérées. Ce passage fait allusion à la conjoncture plutôt défavorable, du fait du suffrage indirect, des élections à l'Assemblée nationale de Francfort qui se réunira en mai 1848.

114. Heine : depuis 1846, Heine était atteint d'une grave maladie qui se traduisait par une paralysie progressive. Il s'éteindra en 1856. Les allusions qui suivent concernent la pension versée par le gouvernement de Louis-Philippe à certains émigrés, dont Heine, entre 1836 et 1848. Après la révolution de Février la liste des bénéficiaires fut publiée.

115. Les ardeurs guerrières du couple Herwegh : Georg Herwegh (1817-1875), poète révolutionnaire ami de Marx depuis

1842; il collabora à la *Rheinische Zeitung*. En mars-avril 1848, il fut le dirigeant de la *Société démocratique allemande (Deutsche Demokratische Gesellschaft)* à Paris et dut s'exiler pendant de longues années en Suisse après l'échec du groupe de volontaires (la *Légion démocratique allemande*) qu'il avait créé (cf. *supra* note 33). En 1869, il devint membre de la *Sozialdemokratische Arbeiterpartei* créée par Bebel et Liebknecht au congrès d'Eisenach. L'allusion concerne le fait que Herwegh et sa femme avaient participé à une manifestation de la *Légion démocratique allemande*.

BIBLIOGRAPHIE

1. *Éditions récentes du texte et des archives*

Karl Marx, Friedrich Engels : *Historisch-kritische Gesamtausgabe. Werke, Schriften, Briefe*, I. Abteilung, t. 6 (Marx-Engels : Werke und Schriften von Mai 1846 bis März, 1848), Berlin 1932 (= ancienne MEGA).

Karl Marx/Friedrich Engels : *Manifest der kommunistischen Partei*, in : *Marx-Engels-Werke* (MEW), t. 4, Berlin (Ost), Dietz, 1959.

Das kommunistische Manifest. Von Karl Marx und Friedrich Engels. Faksimile-Druck der Erstausgabe von 1848 mit 6 Vorreden von Marx und Engels sowie Friedrich Engels « Grundsätze des Kommunismus », neu eingeleitet von Hermann Weber, Hannover, J.H.W. Dietz Nachf, 1966.

Karl Marx : *Manifest der kommunistischen Partei*, herausgegeben, eingeleitet und kommentiert von Theo Stammen in Zusammenarbeit mit Ludwig Reichart, München, Fink, 1978.

Le Manifeste communiste, traduction d'après l'édition originale de 1848 par J. Molitor. Avant-propos de Bracke. Introduction historique de D. Riazanof, Paris, Alfred Costes, 1953.

Karl Marx/Friedrich Engels : *Gesamtausgabe* (MEGA), herausgegeben von Institut für Marxismus-Leninismus beim Zentralkomitee der Kommunistischen Partei der Sowjetunion und vom Institut für Marxismus-Leninismus beim Zentralkomitee der Sozialistischen Einheitspartei Deutschlands, Berlin, Dietz, 1975 sq. (= nouvelle MEGA) :
— *Briefwechsel Mai 1846-Dezember 1848*, Abteilung III, tomes I (a & b) et II (a & b), Berlin (Ost), Dietz, 1975.

— la réédition du *Manifeste* n'était pas achevée à la clôture de la présente édition.

Engels : *Zur Geschichte des Bundes der Kommunisten*, in *Marx-Engels-Werke* (MEW), t. 21, Berlin (Ost), Dietz, 1962, p. 206-224.

Der Bund der Kommunisten. Dokumente und Materialien, Bd. I : 1839-1849, Berlin (Ost), Dietz, 1970.

Gründungsdokumente des Bundes der Kommunisten (Juni bis September 1847). Herausgegeben von Bert Andreas, Hamburg, Hauswedel & Co., 1969. Traduction française par Jacques Grandjonc : *La Ligue des communistes* (1847). Documents constitutifs, Paris, Aubier, 1972.

Geschichte der deutschen Arbeiterbewegung, t. 1 (Von den Anfängen der deutschen Arbeiterbewegung bis zum Ausgang des 19. Jahrhunderts), Berlin (Ost), 1966.

Archivalische Forschungen zur Geschichte der deutschen Arbeiterbewegung, Bd. I, 3. Arbeitstagung der Forschungsgemeinschaft « *Dokumente und Materialien zur Geschichte der deutschen Arbeiterbewegung* », unter Leitung von Leo Stern, Halle, 1954.

Bibliographie zur Geschichte der Arbeiterbewegung, herausgegeben von der Bibliothek des Archivs der Sozialdemokratie (Friedrich-Ebert-Stiftung), Bonn/Bad, Godesberg, 1976 sq.

Dowe, D. : *Bibliographie zur Geschichte der deutschen Arbeiterbewegung, sozialistischen und kommunistischen Bewegung von den Anfängen bis 1863*. Unter Berücksichtigung der politischen, wirtschaftlichen und sozialen Rahmenbedingungen, Bonn/Bad, Godesberg, 1975.

Stammhammer, J. : *Bibliographie des Sozialismus und Kommunismus*, 3 tomes, Iéna, 1900-1913.

2. *Études*

Abendroth, Wolfgang : *Sozialgeschichte der europäischen Arbeiterbewegung*, Frankfurt/M., 1970.

Adoratskii, Vladimir V. : *History of the Communist Manifesto of Marx and Engels*, New York, International Publishers Co., 1936.

Andler, Charles : *Le Manifeste communiste de Karl Marx et Friedrich Engels*. Introduction historique et commentaire, Paris, Bibliothèque socialiste, 1901, [2]1906.

ANDREAS, Bert : *Le Manifeste communiste de Marx et d'Engels. Histoire et bibliographie. 1848-1918*, Milan, Feltrinelli, 1963.

BECKER, Gerhard : *Karl Marx und Friedrich Engels in Köln 1848-1849. Zur Geschichte des Kölner Arbeiterverereins*, Berlin, Rütten & Loening, 1963.

BOLDT, W. : *Die Anfänge des deutschen Parteiwesens : Fraktionen, politische Vereine und Parteien in der Revolution von 1848. Darstellung und Dokumentation*, Paderborn, 1971.

BOLLNOW, Hermann : « *Wer schrieb das Kommunistische Manifest ?* », in *Hundert Jahre Manifest der Kommunistischen Partei*, Berlin, 1948.

BOLLNOW, H. : « *Engels Auffassung von Revolution. Entwicklung in seinen "Grundsätzen des Kommunismus"* (1847) », in *Marxismusstudien*, Tübingen, 1954, p. 77 sq.

BOTTIGELLI, Émile : « Aux origines du *Manifeste communiste* », in *La Nouvelle Critique* (nouvelle série), n° 39, décembre 1970.

BRAUNTHAL, Julius : *Geschichte der Internationale*, t. 1, Hannover, 1961.

CLAUDIN, Fernando : *Marx, Engels et la révolution de 1848*, traduit de l'espagnol par Anne Valin, Paris, Maspero, 1980.

Coll. : *Hundert Jahre Manifest der Kommunistischen Partei*, Berlin (Ost), 1948.

CORNU, Auguste : *Karl Marx und Friedrich Engels. Leur vie et leur œuvre*, Paris, PUF, 1955.

DRAHN, Ernst : « *Zur Vorgeschichte des Kommunistischen Manifests und der Arbeiterinternationale* », in *Neue Zeit*, 37/2 (1918-1919), p. 131-138.

DRENNEN, D.A. : *Karl Marx's Communist Manifesto*, Woodbury, New York., Barrow's Educational Service, 1972.

DUNCKER, Hermann : *Das « Manifest der Kommunistischen Partei » — das wissenschaftliche Programm der internationalen Arbeiterbewegung*, Berlin (Ost), 1955.

DUNCKER, H. : Introduction à Engels, *Grundsätze des Kommunismus*, Berlin (Ost), 1955.

ERIKSON, Elliot : *Karl Marx and the Communist Manifesto*, Thèse, Stanford University, 1954.

FÖRDER, Herwig : *Zur Entstehungsgeschichte des von Marx und Engels ausgearbeiteten politischen Programms der deutschen Kommunisten für die Revolution von 1848*, Thèse Berlin, Humboldt-Universität, décembre 1958. Publié sous le titre : *Marx und Engels am Vorabend der Revolution*, Berlin (Ost), Akademie-Verlag, 1960.

FÖRDER, H. : « *Die Nürnberger Gemeinde des Bundes der Kommunisten und die Verbreitung des "Manifestes der Kommunistischen Partei" im Frühjahr 1851* », in *Beiträge zur Geschichte der deutschen Arbeiterbewegung*, Berlin (Ost), 4. Jahrgang (1962), Sonderheft, p. 165-188.

GRÜNBERG, Carl : « Die Londoner Kommunistische Zeitschrift und andere Urkunden aus den Jahren 1847/ 1848 », in *Archiv für die Geschichte des Sozialismus und der Arbeiterbewegung*, 9. Jahrgang, Leipzig, 1921, p. 249-341.

GURIAN, Waldemar : « *The Communist Manifesto : A Hundred Years after* », in *Commonweal*, 10 sept. 1948, p. 516-519.

HAMMEN, Oscar J. : *The red '48ers. Karl Marx and Friedrich Engels*, New York, Charles Scribner's Sons, 1969. Traduction allemande : *Die roten '48er. Karl Marx und Friedrich Engels*, Frankfurt/M., Athenaion, 1972.

HAMORI, Paul A. : *The Communist Manifesto : A framework for a Critical Analysis and Cursory Interpretation*, Muncie (Indiana), Ball State University Press, 1974.

HAUFSCHILD, Ulrich : *Partei und Klasse bei Marx und Engels*, Reinheim, Lokay, 1965 (Thèse Francfort/M., 1965).

HOOK, Sidney : « *Communist Manifesto 100 Years After* », in *New York Times Magazine*, 1er février 1948, p. 6.

HUBERMAN, Leo and Sweezy, Paul M. : « The Communist Manifesto After 100 Years », in *Monthly Review*, 1er août 1949, p. 102-120.

KAUTSKY, Karl : Préface de 1906 à Marx-Engels, *Das Kommunistische Manifest*. Achte/neunte autorisierte Ausgabe, Berlin, 1918, ²1922.

LASKI, Harold : *Einführung in das Kommunistische Manifest*, Hamburg, 1949.

MAUKE, Michael : *Die Klassentheorie von Marx und Engels*. Mit einem Nachwort von Klaus Meschkat (Aus dem Nachlaß), herausgegeben von Kajo Heymann, Klaus Meschkat und Jürgen Werth, Frankfurt/M., Evangelische Verlagsanstalt, 1970.

MENCZER, B. : « Centenary of the Communist Manifesto », in *Contemporary Review*, n° 172 (déc. 1947), p. 354-359.

NOLLAU, Günther : *Die Internationale. Wurzeln und Erscheinungsformen des proletarischen Internationalismus*, Köln, 1959.

OBERMANN, Karl : *Die deutschen Arbeiter in der Revolution von 1848*, deuxième édition revue et corrigée, Berlin (Ost), 1953.

PAASTELA, Jukka : *Marx's and Engels' Concepts of the parties and political organizations of the working class*, Tampere University, 1985 (Acta Universitatis Tamperensis, Ser. A, Vol. 199).

SCHUMPETER, Joseph A. : « *The Communist Manifesto in Sociology and Economics* », in *Journal of Political Economy*, 57 (1949), p. 199-212.

STAMMEN, Theo : Karl Marx, *Manifest der kommunistischen Partei*, édité, introduit et commenté par Theo Stammen, en collaboration avec Ludwig Reichart, München, Fink, 1978.

STRUIK, Dirk J. : *Birth of the Communist Manifesto*, New York, International Publishers, 1971.

SWEEZY, Paul M. : « *The Communist Manifesto after 100 Years* », in *Present as History*, New York, Monthly Review Press, 1953 (p. 3-29).

WEBER, Hermann : *Das kommunistische Manifest*. Von Karl Marx und Friedrich Engels. Faksimile-Druck der Erstausgabe von 1848 mit 6 Vorreden von Marx und Engels sowie Friedrich Engels « *Grundsätze des Kommunismus* », neu eingeleitet von Hermann Weber, Hannover, J.H.W. Dietz Nachf. 1966 (introduction et bibliographie, p. 7-38).

WINKLER, Gerhard : *Dokumente zur Geschichte des Bundes der Kommunisten*, Berlin (Ost), 1957.

[G.R.]

CHRONOLOGIE

1818 : *5 mai.* Naissance de Karl Marx à Trèves.

1820 : *28 novembre.* Naissance de Friedrich Engels à Barmen.

1835-1841 : Études de Marx à Bonn et à Berlin (Droit et philosophie). Thèse de doctorat : *Die Differenz der demokritischen und epikureischen Naturphilosophie.*

1838-1841 : Apprentissage d'Engels à Brême. Articles de critique littéraire.

1841 : Marx quitte Berlin pour Bonn où il espère obtenir une chaire à l'université. Engels fait son service militaire à Berlin et participe aux côtés des jeunes hégéliens à la lutte contre Schelling.

1842-1843 : Marx est rédacteur à la *Rheinische Zeitung,* organe de la bourgeoisie libérale de Cologne. Mariage avec Jenny von Westphalen. Novembre 1843, départ pour Paris. En novembre 1842, Engels va continuer son apprentissage à Manchester dans la maison Ermen et Engels.

1844 : Parution des *Annales franco-allemandes,* qui contiennent l'article de Marx marquant son passage au communisme et un article d'Engels : *Umrisse einer Kritik der Nationalökonomie.* 24 août : Marx et Engels se retrouvent à Paris. Ils rédigent ensemble *Die heilige Familie.* Marx a commencé à étudier l'économie politique et projette un ouvrage sur la philosophie et l'économie qui restera en manuscrit : *Ökonomisch-philosophische Manuskripte.*

1845 : Engels : *Die Lage der arbeitenden Klasse in England.* Marx, expulsé de Paris sous la pression du gouvernement prussien, se réfugie à Bruxelles où il rédige les *Thesen über Feuerbach.* Engels le rejoint en avril et ils commencent à travailler à la *Deutsche Ideologie* qui ne sera pas publiée de leur vivant.

1846 : Fondation du Comité de correspondance communiste. Lutte contre le socialisme « vrai ». Engels va s'installer en août à Paris, où il a mission de prendre contact avec les communautés de la Ligue des Justes et de lutter contre l'influence de Proudhon et de Karl Grün.

1847 : Marx : *Misère de la philosophie*. Adhésion de Marx et Engels à la Ligue des Justes et collaboration à la *Deutsche Brüsseler Zeitung*. Engels participe au congrès de fondation de la Ligue des communistes à Londres du 2 au 9 juin. Discussion du projet de profession de foi dans les cercles de la Ligue. En octobre-novembre, Engels rédige les *Grundsätze des Kommunismus*. Au congrès de la Ligue à Londres, du 29 novembre au 8 décembre, Marx et Engels sont chargés de la rédaction du Manifeste du parti.

1848 : *Janvier*. Rédaction du *Manifest der kommunistischen Partei* qui paraîtra à Londres vers le 24 février. *22-24 février :* révolution à Paris. Marx, expulsé de Belgique, vient s'y installer. *18 mars :* barricades à Berlin. Marx et Engels préparent le retour dans leur pays des révolutionnaires allemands et élaborent les *Forderungen der kommunistischen Partei in Deutschland*. Retour début avril en Rhénanie et fondation de la *Neue Rheinische Zeitung,* qui paraît du 1ᵉʳ juin 1848 au 19 mai 1849.

1849 : Au début de juin Marx se rend à Paris tandis qu'Engels participe aux opérations militaires dans les rangs des insurgés. Menacé d'expulsion, Marx quitte la France pour Londres le 24 août. Cet exil sera définitif.

1850 : Publication à Hambourg de la *Neue Rheinische Zeitung. Politisch-ökonomische Revue.* Y paraissent, de Marx : *Die Klassenkämpfe in Frankreich (1848-1850),* et d'Engels : *Die deutsche Reichsverfassungskampagne* ainsi que *Der deutsche Bauernkrieg.*

1851-1852 : Engels : *Revolution und Konterrevolution in Deutschland* (parue en articles dans le *New York Daily Tribune*). Marx : *Der 18. Brumaire des Louis Bonaparte.* Procès des communistes à Cologne. Dissolution de la Ligue des communistes sur proposition de Marx.

1853-1867 : Collaboration au *New York Daily Tribune.* Marx continue ses études d'économie politique dans des conditions matérielles qui seraient insoutenables sans l'aide d'Engels. Celui-ci a repris depuis 1850 son activité commerciale à Manchester et ne l'abandonnera définitivement qu'en 1869. *28 septembre 1864*, fondation à Londres de l'Association Internationale des Travailleurs qui s'efforcera de réunir les mouvements ouvriers autour d'un programme commun. Marx publie : en 1859 : *Zur Kritik der politischen Ökonomie*, en 1860 : *Herr Vogt* et en 1867 le livre I du *Capital*.

1870-1871 : Guerre franco-prussienne. Commune de Paris. Secrétaire général de l'A.I.T., Marx rédige les adresses de l'association, dont : *Der Bürgerkrieg in Frankreich*.

1872 : La lutte contre l'influence de Bakounine conduit à la scission de l'Internationale au Congrès de La Haye (septembre) et au transfert de son Conseil Général en Amérique. Son état de santé oblige désormais Marx à réduire ses activités.

1875 : Marx : *Kritik des Gothaer Programms*, rédigée pour tenter de clarifier les principes sur lesquels va se réaliser l'unité des deux partis socialistes allemands.

1878 : Engels : *Anti-Dühring*.

1881-1882 : Engels prépare la *Dialektik der Natur*, qui restera inachevée.

1883 : *14 mars*. Mort de Karl Marx à Londres.

1884 : Engels : *Der Ursprung der Familie, des Privateigentums und des Staates*.

1885 : Engels publie le livre II du *Capital*.

1886 : *Ludwig Feuerbach und der Ausgang der deutschen klassischen Philosophie*.

1889 : Fondation à Paris de la IIe Internationale.

1894 : Parution du livre III du *Capital*.

1895 : *5 août*. Mort d'Engels à Londres.

TABLE

GF - CORPUS

DERNIÈRES PARUTIONS

BALZAC
Eugénie Grandet (1110)
BEAUMARCHAIS
Le Mariage de Figaro (977)
CHATEAUBRIAND
Mémoires d'outre-tombe, livre I à V (906)
COLLODI
Les Aventures de Pinocchio (bilingue) (1087)
CORNEILLE
Le Cid (1079)
Horace (1117)
L'Illusion comique (951)
La Place Royale (1116)
Trois Discours sur le poème
dramatique (1025)
DIDEROT
Jacques le Fataliste (904)
Lettre sur les aveugles. Lettre sur les
sourds et muets (1081)
Paradoxe sur le comédien (1131)
ESCHYLE
Les Perses (1127)
FLAUBERT
Bouvard et Pécuchet (1063)
L'Éducation sentimentale (1103)
Salammbô (1112)
FONTENELLE
Entretiens sur la pluralité des mondes (1024)
FURETIÈRE
Le Roman bourgeois (1073)
GOGOL
Nouvelles de Pétersbourg (1018)
HOMÈRE
L'Iliade (1124)
HUGO
Les Châtiments (1017)
Hernani (968)
Ruy Blas (908)
JAMES
Le Tour d'écrou (bilingue) (1034)
LAFORGUE
Moralités légendaires (1108)
LESAGE
Turcaret (982)
LORRAIN
Monsieur de Phocas (1111)

MARIVAUX
La Double Inconstance (952)
Les Fausses Confidences (978)
L'Île des esclaves (1064)
Le Jeu de l'amour et du hasard (976)
MAUPASSANT
Bel-Ami (1071)
MOLIÈRE
Dom Juan (903)
Le Misanthrope (981)
Tartuffe (995)
MONTAIGNE
Sans commencement et sans fin. Extraits
des Essais (980)
MUSSET
Les Caprices de Marianne (971)
Lorenzaccio (1026)
On ne badine pas avec l'amour (907)
LE MYTHE DE TRISTAN ET ISEUT (1133)
PLAUTE
Amphitryon (bilingue) (1015)
RACINE
Bérénice (902)
Iphigénie (1022)
Phèdre (1027)
Les Plaideurs (999)
ROTROU
Le Véritable Saint Genest (1052)
ROUSSEAU
Les Rêveries du promeneur solitaire (905)
SÉNÈQUE
Médée (992)
SHAKESPEARE
Henry V (bilingue) (1120)
SOPHOCLE
Antigone (1023)
STENDHAL
La Chartreuse de Parme (1119)
VALINCOUR
Lettres sur la Princesse de Clèves (1114)
WILDE
L'Importance d'être constant (bilingue)
(1074)
ZOLA
L'Assommoir (1085)
Au Bonheur des Dames (1086)
Germinal (1072)
Nana (1106)

GF Flammarion

02/01/91692-I-2002 – Impr. MAURY Eurolivres. 45300 Manchecourt.
N° d'édition FG100205. – Janvier 1998. – Printed in France.